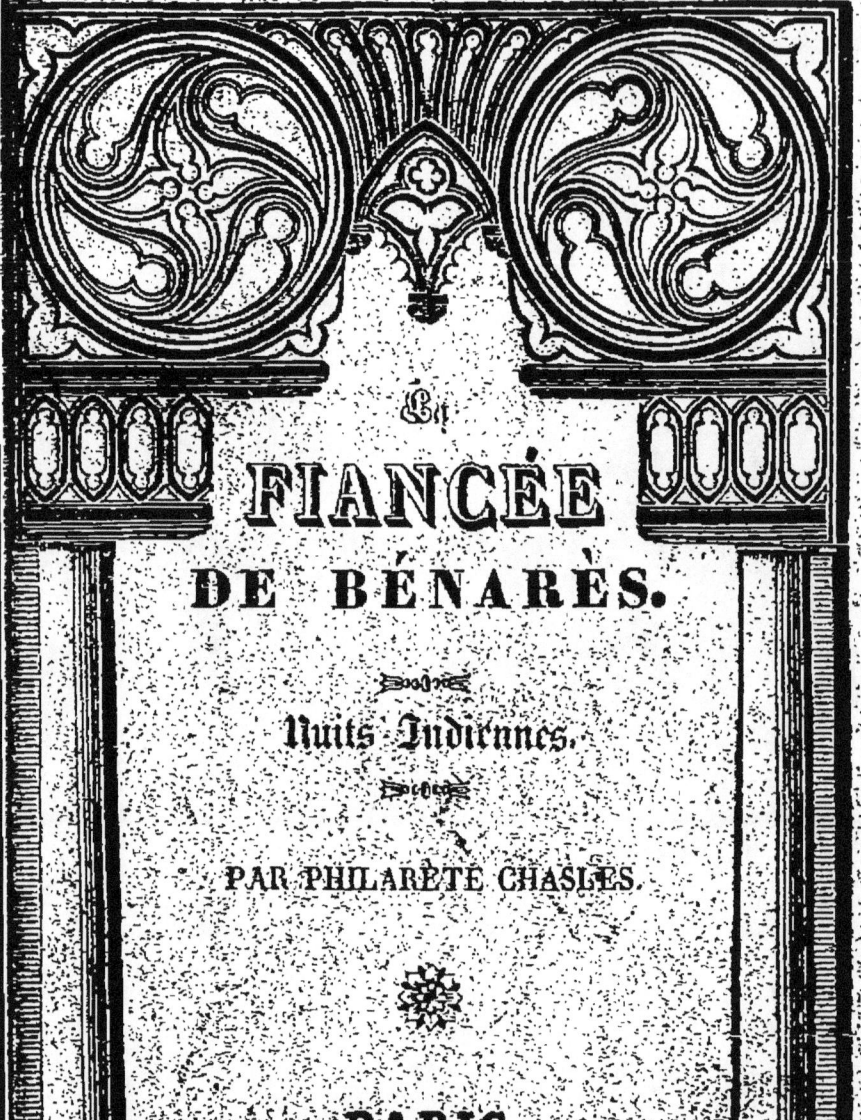

La FIANCÉE DE BÉNARÈS.

Nuits Indiennes.

PAR PHILARÈTE CHASLES

PARIS.
URBAIN CANEL, LIBRAIRE
Rue Saint-André-des-Arts, n. 30.
AUDIN, QUAI DES AUGUSTINS, N. 25.

1825

Imprimerie de J. Tastu.

LA FIANCÉE

de

BÉNARÈS,

𝔓𝔬𝔢̈𝔪𝔢.

IMPRIMERIE DE J. TASTU,
RUE DE VAUGIRARD, n° 36.

LA FIANCÉE
de
BÉNARÈS.

Nuits Indiennes.

PAR PHILARÈTE CHASLES.

PARIS.
URBAIN CANEL, LIBRAIRE,
RUE SAINT-ANDRÉ-DES-ARTS, N° 30;
AUDIN, QUAI DES AUGUSTINS, N° 25.

1825.

A Monsieur de Jouy,

DE

L'académie Française.

P. CHASLES.

« L'amour des nouveautés et l'idolâtrie de l'antiquité sont les
» deux fléaux des lettres : l'un détruit tout ce qui existait, et
» mutile au lieu d'innover ; l'autre arrête les progrès de l'esprit,
» et s'oppose à toutes les acquisitions de l'intelligence. »

BACON.
Advanc. of learning. Book 1, p. 46.

A Monsieur de Jouy.

Je n'ai d'autres droits, pour vous offrir cet Essai, que ma jeunesse et votre amitié. Entouré de l'éclat de la réputation, vous tenez entr'ouverte la barrière de la lice que vous avez parcourue: vous usez, pour diriger les premiers pas de ceux qui marchent après vous, de la puissance et de l'étendue des facultés de votre esprit. Ce n'est point à l'auteur de Sylla et de Julien que je dédie mon ouvrage : c'est au protecteur de mes premiers efforts. Soit que vos encouragemens soient destinés à être justifiés ou démentis, j'aurai satisfait à un besoin de mon cœur, en vous témoignant ma reconnaissance ; et quelle que soit, sur mon compte, l'opinion du public, votre amitié me consolera de tous les revers, et me sera toujours plus chère que la gloire.

J'ai tenté, dans cet ouvrage de peu de poids, plusieurs essais : le mélange de l'intérêt du roman avec les couleurs et le rythme poétiques ; l'alliance d'une fable en prose et d'hymnes en vers, qui se rattachent à la fable elle-même ; la peinture des mœurs indiennes, retracées avec fidélité ; et l'union d'un but philosophique et des plus vagues féeries que l'imagination puisse créer. L'exécution seule peut faire excuser ces tentatives : on ne tient pas compte de l'intention ; il faut plaire, et le succès seul réussit.

Je ne m'étonnerais pas que les zélateurs du bon goût crussent reconnaître dans ces pages un caractère étranger, ou si l'on veut étrange, auquel ils donneront, s'ils veulent encore, la qualification de romantique. Dans l'impuissance où je suis de comprendre un mot sans idée, je ne dois en accepter ni en refuser le blâme ou l'honneur.

Deux genres seuls me semblent partager toutes les littératures : le bon et le mauvais, ce qui plaît et ce qui repousse, ce qui est vrai et ce qui est faux, ce qui est vague et ce qui est positif.

Unité, raison, harmonie, clarté, intérêt : telles sont les règles uniques de la littérature et des arts. C'est à ces règles certaines que se soumettent toutes les productions de l'intelligence ; elles ne sont point mauvaises, médiocres ou pires, parce qu'elles sont composées sur de vieux modèles, ou parce qu'elles portent avec elles un air de nouveauté ; mais on les condamne lorsqu'elles blessent ces éternelles vérités, ces principes dominateurs de tous les arts, et qui survivront à toutes les poétiques.

Est-il permis toutefois au poëte, en consultant le génie de son siècle, de suivre, dans ses inspirations, les variations des mœurs? Je pense que l'on ne peut en douter. La littérature, ainsi que les arts, émane de la société même. Elle exerce une séduction ; elle s'adresse aux hommes, elle doit chercher ce qui les touche, et les occuper de leurs intérêts présens. Une question digne d'être discutée s'offre ici ; et quittant toute l'humilité, ou tout l'égoïsme de la préface, j'oublierai le poëme que je vous dédie, pour chercher à définir en peu de mots les besoins littéraires de l'époque où nous sommes.

Les galanteries mêlées aux vers si beaux de Racine, et aux tragédies du grand Corneille, nous semblent aujourd'hui très-ridicules. Le madrigal a perdu son empire. La couronne poétique de Benserade, de Dorat et de Pezay s'est flétrie.

D'autres habitudes ont amené d'autres goûts. Si nous comptons encore des esprits frivoles, ils abandonnent le genre fade et se jettent dans le romamesque : ils aiment les visions ; ils protégent le genre fantastique. Tel, qui eût fait ses délices des petits soupers de l'hôtel Rambouillet, s'enivre de la lecture de nos plus funèbres romans.

Calculons, s'il est possible, l'influence des événemens sur les hommes, et trouvons, dans les changemens des mœurs, la source du changement qui s'opère dans la littérature. Tant d'intérêts déplacés, de fortunes remuées, de passions excitées, le spectacle de vingt-cinq années si terribles ont laissé de profondes traces dans la société où nous vivons. Ces influences se font sentir malgré nous ; elles nous enveloppent et nous pressent ; tous les partis s'y soumettent, tous les caractères subissent une altération nécessaire. Qui oserait, je le demande, faire représenter devant les hommes qui ont vu rouler autour d'eux, et quelquefois sur les cadavres de leurs amis et de leurs frères, le char de quatre ou cinq gouvernemens ; qui oserait faire représenter devant eux les pastorales de Fontenelle et les féeries de Sainte-Foix ?

Un mouvement irrésistible entraîne les esprits loin des pensées frivoles, vers les pensées ou élevées ou positives, ou sublimes ou vagues. On ne se reconnaît point encore. Entre la juste admiration pour les chefs-d'œuvre du dix-septième et du dix-huitième siècles, et le désir d'émotions inconnues, le public ne sait où se prendre ; il flotte incertain. Les principes qui ne sont fixes sur aucun point, sont également mobiles en littérature. L'extravagant, le romanesque, le vague, se montrent sous mille formes dans les écrits nouveaux : ce sont les premières manifestations de ces besoins secrets qui tourmentent la société actuelle.

Des esprits distingués ont déjà prouvé qu'il était possible de satisfaire à ces besoins, sans blesser le goût, sans tomber dans la déraison. Les vers de Béranger se sont adressés à tous les cœurs français ; Casimir Delavigne a jeté tout le charme de sa poésie sur des émotions patriotiques ; Lamartine a produit des morceaux charmans dans ce genre mélancolique et rêveur, si voisin du ridicule. D'autres talens se sont révélés. Je ne vous citerai pas, en parlant à vous-même; et les éloges des anciennes dédicaces ne trouveront pas ici leur place.

Un instinct secret, la divination du talent, a dirigé quelques hommes supérieurs dans leurs travaux : suivons cette trace; cherchons si en conservant la beauté des formes antiques, la poésie ne peut s'associer aux émotions humaines d'une manière forte et profonde, et reconquérir toute son influence sur la société actuelle, en s'adressant à ses passions. Étudions les mœurs. Elles ont perdu en éclat ce qu'elles ont gagné en intimité et en énergie. Plus domestiques, plus franches et plus pures, elles repoussent l'hypocrisie des vertus comme la

fanfaronnade des vices. Le grand sei
gneur n'a point honte d'habiter le mêm
hôtel que sa femme; une jeune coquett
semble aujourd'hui une rareté que l
ridicule poursuit. Les scènes de famill
plaisent et attachent.

Que les poëtes s'asseyent donc a
foyer de la famille ! S'ils trouvent dan
la peinture des événemens domestique
des couleurs moins vives, ils y trouve
ront en revanche de puissans moyen
d'émouvoir. Croit-on que les scènes d
la vie privée manquent de charme et d
coloris ? Vous ne le direz point, vous
auteur de *l'Ermite* : et je citerais, pou
vous confondre, vingt scènes tirées d
vos propres ouvrages, auxquelles le co
loris poétique ne manque pas, et qu
n'attendent que le rythme, la césure e

la rime pour servir de modèles au genre que je crois pouvoir indiquer.

Des rapports fréquens et nombreux se sont établis entre les nations. On aime aujourd'hui tout ce qui peint les hommes et les peuples : c'est le temps des Mémoires, des Voyages et des Souvenirs. Le succès populaire de Walter Scott est né de cette cause. Que les poëtes y songent encore : la vérité du coloris, dans leurs tableaux des pays et des peuples, est le premier devoir que leur impose l'époque.

Le théâtre d'une grande révolution vient à peine de se fermer pour nous. Ces chocs des grands intérêts, ces crimes, ces dévouemens et ces intrigues des partis, offriraient au poëte une mine nouvelle et féconde. Les mouvemens des peuples, pour conquérir la gloire, la liberté, quelquefois l'esclavage, demandent à être retracés avec vigueur avec franchise.

Enfin, si le Roman, genre secondaire et nul quand il est traité sams profondeur et sans vérité, si le roman menac d'envahir la littérature, ne pourrait on, par un usage habile des ressource et de l'intérêt qu'il présente, donner la poésie un nouvel essor?

L'Odyssée, l'Iliade, furent des ro mans grecs, ornés d'images poétiques et en harmonie avec les mœurs d'u pays dont ces chefs-d'œuvre consacraien les souvenirs. La Jérusalem et le Rolan d'Arioste sont encore des romans fondé sur les superstitions et les croyances d l'ère nouvelle. Si l'on veut honorer ce grands hommes et les imiter, il ne faut pas répéter avec une exactitude servile leurs inventions et leurs idées, mais chercher, à leur exemple, le genre d'intérêt que demande le siècle, et trouver comme eux, s'il est possible, cette divine et secrète harmonie entre les créations poétiques et les sensations des hommes. Des peintures plus domestiques ; des tableaux vrais des mœurs de famille et des mœurs des peuples : l'intérêt du drame et du roman jeté dans la poésie : tels sont, je crois, les principaux besoins de notre époque littéraire.

Je serais heureux, si ces pensées, jetées ici avec plus de naïveté que d'ordre et de prétention, pouvaient, en éveillant de plus grands talens, augmenter les jouissances de mes semblables.

Votre esprit si pénétrant jugera aisément que je n'ai point tracé ces réflexions pour servir de Poétique particulière, et (si j'ose parler ainsi) de justification faite après coup, à la *Fiancée de Bénarès*; j'ai suivi, en écrivant ce roman ou ce poëme, le penchant qui m'entraînait, et non le désir de soutenir un système.

Une tradition indienne, qui a inspiré cent vers élégiaques au poëte anglais Thomas Moore, m'en a fourni le sujet. J'ai espéré que la légèreté, et peut-être le vague des détails, pouvaient être rachetés par un but moral. J'ai consacré ce poëme au Dévouement. Si l'on examine le siècle où j'écris, on avouera que je n'ai point voulu flatter ses penchans.

Plusieurs Bayadères, réunies dans leurs temples, chantent au milieu du peuple qui les écoute : l'une le Dévouement de l'amour ; la seconde, le Dévouement de l'amour filial ; la dernière, le Dévouement à la patrie. C'est ce dernier qui l'emporte : seul il est exempt de tout égoïsme. Plus l'objet du dévouement est éloigné de l'être qui se dévoue, plus le dévouement est sublime : et donner sa vie à ses concitoyens, se sacrifier à son pays, à un être de raison, à une communauté d'hommes auxquels on est attaché par les seuls liens d'une même patrie, c'est accomplir sans doute le dernier des sacrifices.

J'ai cherché des couleurs dans les voyageurs les plus exacts, dans vos Bayadères, qui offrent une peinture si complète des mœurs de ces femmes, et dans vos conversations, où se retracent d'une manière si fidèle les coutumes d'un peuple intéressant par l'antiquité, la simplicité, la volupté et l'austérité de ses mœurs. En mêlant la poésie et la prose, je n'ai point prétendu innover : il m'a paru naturel de versifier les Hymnes des prêtresses, et de laisser au langage commun les descriptions de mœurs et d'usages, et la narration de ma fable.

Introduction.

Un peuple tumultueux remplit les rues de Bénarès. Il est nuit; le ciel s'embrâse des reflets de mille flambeaux. Les castes, les professions, les sectes confondues; hommes, vieillards, enfans, se pressent sous les portiques, s'amoncèlent sous les galeries des temples, couronnent le faîte des maisons, semblent suspendus sur les degrés des pagodes qui percent de leurs cimes aiguës les vapeurs au loin balancées comme un dôme mobile, comme une coupole ardente. Les draperies des Zenanas * se soulèvent, et

* Harems de l'Inde.

leurs rideaux de pourpre s'entr'ouvrent : infidèles à leurs devoirs sévères, les belles Laméas * rejettent leurs voiles, et osent suivre d'un regard curieux et avide le spectacle qui se déploie devant elles.

Voyez s'avancer lentement ces jeunes femmes, prêtes à périr ; ces esclaves qui doivent, aux cris joyeux de la foule, s'immoler sur le cadavre de leur maître. Derbishtar, rajah de Bénarès, est mort chargé d'années, redouté des peuples et fatigué de puissance. Les hommes qu'il tyrannisa, vivant, les épouses qui lui apportèrent en sacrifice leur beauté et leur jeunesse, doivent, cette nuit même, mourir sur les cendres du vieillard.

— Malheur à toi, jeune fiancée ! c'est toi surtout qu'il faut plaindre ! Zemaly n'a pas seize ans. Belle et vierge encore, elle fut destinée au saint temple, aux retraites silencieuses du

* Jeunes filles.

temple de Zalambron *; poëte, elle savait chanter avec grâce les hymnes brillans de Jadeva, et mêler aux accords de sa voix les sons de la lyre consacrée aux autels **. Zemaly eût vécu paisible; mais le prince jeta les yeux sur elle; il voulut qu'elle fût l'une de ses épouses. On suspendit à son cou la chaîne d'or, qui unit à jamais la destinée des femmes de l'Inde au sort de l'homme qui les a choisies. Déjà elle avait prononcé les paroles des fiançailles, et dit adieu aux belles solitudes du temple et à ces grottes charmantes où les Devêtas (prêtresses que les Portugais ont nommées Bayadères) improvisent leurs chants à la clarté des lampes invisibles.

Zemaly était fiancée; dès que les jours sacrés, les jours des fêtes de Sarhâzie seraient expirés, elle devait voir s'accomplir les der-

* Zalambron, Chalambran, temple de Bénarès.
** La Syrinda, la harpe indienne.

niers rites de son mariage. Bientôt elle devait ensevelir sa vie, ses talens, sa beauté, son innocence dans les magnifiques ennuis du palais du Rajah.

Mais le Rajah n'est plus ; elle va périr. Les Brahmes s'avancent. Le cadavre, porté sur un palanquin de pourpre, suit les mouvemens que lui impriment les esclaves dans leur marche pénible. La longue procession des prêtres trace dans Bénarès un lumineux sillon; les flambeaux brillent, et les fronts chauves des vieillards sacrés se montrent au loin, éclairés par ces lueurs funèbres. Les chants de mort se font entendre; la trompette d'airain * retentit. Les fleurs sont semées sur les pas des victimes : le peuple les excite à la mort. On les voit, parées de leurs plus beaux atours, marcher en riant vers le

* Le *Taré*.

bûcher. Les Devêtas * les environnent; et, quand la marche funèbre s'arrête, les chants de ces prêtresses célèbrent le dévoûment des épouses et le bonheur que leur réserve Vishnou dans le sein même des cieux.

Voici le bûcher sur les bords du Gange: de tous côtés on verse l'huile odorante; de tous côtés s'élève la flamme; de tous côtés l'encens est répandu. Les restes du Rajah sont placés sur la dernière couche; cent Brahmines allument le sandal avec des torches du même bois; l'huile, l'encens s'élèvent, se pressent, l'entourent; les flammes le cachent sous leurs flots épais et brûlans. Les esclaves forment une chaîne autour du bûcher; ils chantent, ils se précipitent : leur nombre diminue et la chaîne se resserre; le peuple applaudit à cette danse horrible; et de longs cris répètent le nom du Rajah, que les échos

---

* Les Bayadères.

des tours et des portiques font rejaillir au loin dans la ville et sur les rives du fleuve.

Les nombreuses épouses, les esclaves, les amis les plus fidèles du Rajah ne sont plus que des cendres. Zemaly mourra la dernière : pur et suprême sacrifice qu'exige une religion barbare. Elle vient, vêtue d'une longue robe blanche, et soutenue par une jeune femme qui verse des pleurs. Son pas est chancelant : sa tête, chargée des fleurs du nénuphar, diadème de la mort, s'abaisse sur son sein. On lui arrache ses bracelets d'or ; on la dépouille de tous les ornemens qui la parent ; on détache sa couronne ; la chaîne fatale reste seule suspendue à son cou : elle va périr.

Elle pousse de longs cris, et reste pressée dans les bras de son amie. Sa faible résistance, sa supplication désespérée ; tout est inutile. On la saisit : le Bramine impitoyable va la jeter dans les flammes. Son amie, cette prêtresse qui la soutient, voudrait s'élancer avec elle. On l'arrête. Demsaïl est une des Devêtas, et ce sacrifice ne lui est pas permis.

Les deux jeunes filles luttent encore ; déjà le peuple maudit la faiblesse de l'une et les efforts héroïques de l'autre. Mais tout-à-coup, tout cesse, tout change de face : on s'arrête ; les trompettes ne sonnent plus ; les Brahmes abaissent leurs torches ; Demsaïl joint ses mains tremblantes ; Zemaly respire encore ; les Brahmes essuient la sueur de son front, et replacent sur le palanquin d'ivoire son corps privé de sentiment. Il reste à la fiancée trois jours à passer sur la terre. Le Zemindar vient de faire retentir la douzième heure de la nuit. Le jour qui commence ne peut être témoin d'un meurtre. La loi sainte défend que ce jour sacré, le premier des fêtes, soit souillé d'un tel sacrifice. La prêtresse, agitée, pensive, abattue, suit la fiancée. Tout rentre dans le repos et le silence : Zemaly est ramenée au temple ; l'obscurité s'étend de nouveau sur Bénarès; et le bûcher, qui fume auprès du Gange, laisse tomber dans les eaux du fleuve les débris de la mirrhe et de l'aloës, mêlés à tant de cendres humaines.

Les Fêtes
DE SARHAZIE.

PREMIÈRE NUIT.

———◆———

Les jeunes Filles et le Brahmine.

PREMIÈRE NUIT.

Les jeunes Filles et le Brahmine.

La jeune fiancée doit vivre tant que les fêtes de la déesse vont durer; Sarhâzie est la déesse de la volupté et des amours; c'est Sarhâzie, femme de Brahma, qui répand l'abondance et la joie; par elle les moissons jaunissent et les fleurs éclosent; les amans l'invoquent; elle règne aux cieux, souveraine de cette Etoile que tous les peuples ont regardée comme un symbole de volupté et de mélancolie, l'étoile du soir. Sous ses ordres y respirent des anges féminins, des sylphides, chargées d'apporter à la terre les célestes messages : Êtres aériens, nommées Zendovères *, et dont les livres sacrés tracent un portrait ravissant.

Mais quel mouvement dans le saint temple! au lieu de reposer, tous les habitans des parvis sacrés se préparent aux fêtes que doit ramener l'aurore : on fait rouler le Raoth, char triomphal, qui, cette fois du moins, ne portera que des guirlandes, et ne fera point tourner à ses roues sanglantes les membres des victimes respirant encore et déchirés en lambeaux. On prépare les flambeaux à trois branches, qui doivent remplacer cette nuit les torches funèbres. L'ouvrier persan achève de broder de perles le tissu de kashmire, qui vaut à lui seul toutes les richesses de ces régions, qui s'étendent depuis Orixa jusqu'à Serampore : c'est le prix réservé à la jeune fille du temple, qui, pendant les fêtes, aura vaincu ses compagnes, et trouvé des

---

* Zendovères, Glandovères, Zandovères. Les voyageurs écrivent ce mot différemment.

chants plus dignes de la déesse. On lui préparé aussi le Tsormé, la couronne, signe éclatant de sa dignité nouvelle ; car elle doit régner sur ses compagnes, et s'asseoir aux pieds du grand Brahme. A peine proclamée victorieuse, sa première parole sera écoutée comme un oracle ; sa première demande ne peut être refusée ; elle est l'inspirée, la fille de Brahma.

Trois jeunes filles ont été choisies entre les Devêtas, pour soutenir cette lutte. La plus jeune est cette aimable et triste Demsaïl, qui accompagnait au bûcher, avec tant de désespoir, la fiancée de Bénarès. Azyora, Psammeris, doivent lui disputer le prix : Psammeris, fille d'un jeune voyageur grec et d'une Bayadère de Jagganaut ; Azyora, née sur les rives où le soleil lance ses feux les plus brûlans, fille au teint d'ébène, qu'ont vu naître les îles du tropique.

De retour des funérailles, ces deux jeunes filles conversaient ensemble en se promenant.

sous une allée de lataniers qui ornaient l'enceinte du temple. Derrière elles s'avançait lentement, suivi d'un esclave éthiopien qui portait sa pipe et un rouleau, un docteur indien, ou pundit, qui leur adressait la parole toutes les fois que leur marche plus vive que la sienne laissait pénétrer sa voix jusqu'à elles

On conversait avec vivacité sur le sujet que les Brahmes avaient proposé aux inspirations des jeunes prêtresses. « Un ange, une Zendovère, bannie de l'étoile du soir, avait, par un talisman magique, reconquis cette patrie céleste. » Tel était le texte des Sastras. Les Dévêtas devaient dire, dans des hymnes prononcés devant le peuple et les Brahmes, quel était ce talisman si précieux.

Galzery, c'était le nom du vieux Brahmane, ne croyait pas qu'un sujet si léger, si aérien et pour ainsi dire, si impalpable, pût allumer l'enthousiasme des jeunes prêtresses, et leur inspirer ces chants immortels que l'on grave sur la perle dans les pagodes de l'Inde. « En effet, leur disait-il, quel talisman la Zendovère avait-elle pu apporter à son étoile? les rubis de Chilminar? les parfums de l'île de Panchaïa? la coupe de Zehangire si fameuse dans l'orient? l'Elixir de vie que le roi Jamshid cacha dans la fameuse caverne du mont Méru? tous ces présens sont indignes du ciel : et cependant ce sont, comme en conviennent les Pundits, les plus précieux trésors que renferment les plaines de la terre. Oui, jeunes Laméas, le sujet que l'on vous propose est un céleste mystère : un ange seul peut deviner, peut chanter le talisman magique apporté par cet ange et qui lui rend sa patrie : le vieux Galzery, votre ami, votre maître, voit avec douleur que le choix d'un tel oracle vous privera de vos inspirations les plus heureuses, et ne permettra point à votre génie aimable de déployer ses ailes et de

**

prendre son essor vers les régions immortelles de la poésie. »

Elles écoutaient en silence les leçons du vieux Brahme, et ses craintes passaient dans leur ame ; cependant la brise était fraîche, leur marche devint plus vive ; et devançant le vieillard après lui avoir adressé quelques paroles pleines de grâce et de douceur, elles parvinrent long-temps, avant lui, à un asile charmant, nommé le *Tchoultry de Bhavâni* *, et sous lequel les Devêtas allaient respirer la fraîcheur des belles nuits de l'Asie. C'était une espèce de temple naturel, formé par un seul figuier des Banians. Les branches de l'arbre, retombant et s'enracinant dans la terre, en étaient les pilastres et les arcades ; le feuillage impénétrable s'élevait comme une voûte, et des urnes d'albâtre, suspendues aux rameaux, y jetaient une lumière furtive et douce. La Syrinda, attachée à l'un des arceaux de ce

* Asile de Bhavâni.

sanctuaire, frémissait au souffle léger du vent de la mer. Elles s'assirent sur les marches disposées sous la voûte, et accordèrent la harpe sacrée. Bientôt l'Éthiopien de Galzery vint étendre des pelleteries pour servir de siége à son maître, et déposa, tout à côté, un rouleau de feuilles de bambou, retenu par un anneau d'or.

A peine assis, le vieillard lui fit signe de dérouler des feuilles du bambou : c'était le livre des Sastras, le texte sacré sur lequel les Devêtas devaient improviser leurs hymnes. Psammeris lut à haute voix ce texte, assez aride par lui-même, et qui contenait la simple énonciation de la tradition indienne. Mais la beauté de la nuit, les exhalaisons des fleurs répandues dans les jardins du temple, avaient disposé les jeunes filles à cette douce exaltation, mère de la poésie. « Voici la harpe, dit Azyora à sa compagne, fais errer légèrement tes doigts sur ses cordes; choisis ce rythme de Nava, rythme doux et aérien, réservé aux chants célestes : je me sens inspirée; je ne dirai pas comment la Zendovère retrouva sa patrie, mais par quelle erreur elle la perdit. »

Déjà Psammeris avait commencé son prélude. Le vieux Pundit prit du betel dans la boîte d'or que lui offrait l'esclave, et il écouta avec attention la jeune fille, qui, commença son hymne par invoquer l'Étoile du soir, dont une habitante allait servir de sujet à ses poétiques inspirations.

Chants
DE LA PREMIÈRE NUIT.

Chant d'Aznora,

SOUS LE FIGUIER DES BANIANS.

Invocation à l'Étoile du matin.

Au matin du printemps, la vierge qui s'éveille
Comme les autres fleurs, et riante et vermeille,
Admire un astre pur, mystérieux séjour,
Astre de volupté, de tristesse, d'amour.
C'est l'astre du matin, qu'avec grâce et mollesse,
Berce des vents légers la mobile caresse.
Étoile des amours! Étoile du bonheur!
Répands sur mes cheveux cette tendre lueur
Dont ta sphère, au matin, doucement se colore
Sous le voile léger des larmes de l'aurore;
Quand ton Éden, voguant dans l'océan des cieux,
Semble plus doux, baigné de pleurs mystérieux!

LA ZENDOVÈRE.

Une jeune Sylphide à genoux, désolée,
Apparaît sur le seuil de la sphère étoilée.
A la fille des airs les célestes palais,
Oubliés un moment, se ferment pour jamais :
Elle est bannie. En vain, sous l'effort de son aile,
Résonne le crystal de la porte rebelle ;
Sa triste voix murmure, écho de ses douleurs ;
Et ses accens plaintifs coulent avec ses pleurs.

✦✦✦

Prière de l'Exilée.

« Parvis de nacre et d'or, éternelle barrière,
» Vous, que touche ma main, qu'invoque ma prière ;

» Vous qui fermez l'Éden, asile des amours,
» Dois-je, hélas! vainement vous implorer toujours?
» Deux fois, l'astre géant, le soleil, roi des mondes,
» Commanda le retour des sphères vagabondes,
» Depuis qu'au ciel muet, le cri de mes douleurs
» S'élève, en demandant la fin de mes malheurs!

» Un rayon égaré de la source immortelle
» Vient jouer sur mon front, vient colorer mon aile.
» O bonheur! ô patrie! ô biens que j'ai perdus!
» Amer ressouvenir d'un bonheur qui n'est plus!
» Vous qui, de vos longs plis, draperie inconstante,
» Entourez ma patrie, au sein des airs flottante;
» Nuages! ouvrez-vous, et jusques à mes sœurs,
» Ah! laissez parvenir ma plainte et mes douleurs.

» Priez, mes jeunes sœurs, pour une sœur bannie!
» Coupable, ses tourmens, hélas! l'ont trop punie!

» Elle aima ! Que l'amour, ce bel enfant des cieux,
» Obtienne enfin sa grâce et fléchisse les Dieux !
» Au gré de mon caprice, errante Zendovère,
» En vain je puis goûter, dans les cieux, sur la terre,
» Toutes les voluptés de l'immense univers !
» Le monde est ma prison ; et les cieux sont déserts !

» Sur les bords enchantés du lac de Kachemire,
» L'encens des fleurs est pur, le rossignol soupire :
» Ses palmiers verdoyans offrent un doux repos ;
» Un ange aime à cueillir de ses limpides eaux
» Les trésors éclatans, les richesses légères.
» Quelquefois s'attachant au vol brûlant des sphères,
» Il aime à diriger ces chars étincelans,
» Esclaves du soleil, autour de lui roulans !

» Bercer l'heureux sommeil de la vierge ingénue;
» De la lyre d'ivoire, aux rameaux suspendue,

» Faire jaillir la nuit, des sons mystérieux ;
» Chanter, au sein des airs, l'hymne religieux ;
» Aux soupirs de l'amour prêter ce charme tendre,
» Ce prestige muet que l'amour sait comprendre....
» Vains plaisirs ! leur douceur ne me console plus
» Des maux que je ressens, des biens que j'ai perdus ! »

———

Dans l'abîme éthéré, de rivage en rivage,
Vainement répétés par l'écho du nuage,
Se prolongeaient ces chants, soupirs mélodieux.
Sans entendre sa voix, les anges de ces lieux,
Frappaient leurs saints parvis de leurs danses rapides.
L'étoile brille au loin, et les jeunes Sylphides,
A des hymnes heureux, à des chants cadencés,
Asservissent leurs pas mollement balancés.

Chants des Zendovères.

« La nuit naissante épand sur notre étoile
» Ce nuage incertain dont sa clarté se voile.
» C'est l'heure du plaisir! formez, formez des chœurs!
» Enlacez, ramenez les guirlandes légères!
　　» O belles Zendovères,
» De vos urnes d'onyx, versez, mes jeunes sœurs
　　» Les parfums et les fleurs!

» Rayons errans du sein de nos portiques,
» Que vos douces lueurs, que vos clartés magiques,
» A l'amante qui rêve au déclin d'un beau jour,
» Inspirent des pensers purs et charmans comme elles.
　　» O lueurs immortelles!
» Dans les cœurs attendris éveillez tour-à-tour
　　» Le génie et l'amour!

» Vers le malheur guidez la bienfaisance ;
» Versez sur les mortels la divine espérance !
» La nuit du crépuscule a chassé les vapeurs ;
» L'astre brille et s'enfuit. De vos urnes légères,
  » O belles Zendovères !
» A flots plus éclatans, versez, mes jeunes sœurs,
  » Les parfums et les fleurs ! »

Elle priait toujours ; et la sphère étoilée
Fuyait sans accueillir la Sylphide exilée ;
Elle pleurait toujours ; et ses tristes accens
Interrompaient des sœurs les concerts ravissans.

« Termine mon récit, dit Azyora à sa rivale, je prendrai la lyre, et à mon tour, j'accompagnerai tes chants. »

Psammeris, en remettant la Syrinda aux mains de son amie, lui dit : « Prélude par des modulations plus égales. Mon père, tu le sais, était un enfant des Grecs ; il m'apprit à aimer leurs poëtes ; et sans les prétendre imiter, je préfère un rythme simple et mesuré comme celui dont ils se servaient. » Elle dit, et rêvant quelques momens, se mit à continuer l'histoire de la Zendovère. L'élève des Grecs fit succéder aux rêveries orientales de la Vierge de la Taprobane, des tableaux plus frais et plus paisibles. Elle commença à esquisser en ces mots le portrait de la Zendovère bannie, qui se tenait à genoux sur le seuil de l'étoile :

Chant de Psammeris,

SOUS LE FIGUIER DES BANIANS.

Suite de la Zendovère.

Quels célestes attraits se montrent sous ses larmes !
Quel chantre aimé du ciel décrira tant de charmes ?

Ses ailes, de son corps unique vêtement,
Tombent, et de leurs plis l'entourent mollement :
Ainsi, lorsque la paix renaît avec la joie,
Au repos condamné, l'étendard se reploie ;
Tel le nuage roule en contours tortueux
Et retient dans ses flancs l'éclair impétueux.
Son œil bleu fait briller une tendre lumière
Sous l'ébène léger de sa longue paupière.

Ses membres délicats, souples et gracieux,
D'un éclat diaphane étincellent aux yeux.
Ainsi des vieux sapins de la Finlande humide,
L'ambre, perle des airs, s'écoule en or fluide.
Telle encor, d'un cristal artistement sculpté,
Une mystérieuse et mobile clarté
Émane et vient trahir par sa flamme indiscrète,
Du nocturne flambeau la lumière secrète.

Quand la Lune des Fleurs ramène les beaux jours,
Aux branches du palmier confiant leurs amours,
On voit le doux essaim des blanches tourterelles,
Voler en agitant leurs frémissantes ailes.
Ainsi des jeunes sœurs l'essaim tremblant et doux,
Accourt vers l'Exilée. « O tendre Éza! dis-nous
» Quelle funeste erreur, quelle loi si sévère,
» A de l'astre enchanté banni la Zendovère?
» Que nous mêlions du moins nos larmes à tes pleurs;
» Dis-nous tes longs chagrins, tes fautes, tes malheurs!

Récit de la Zendovère.

« Votre sœur, dans les airs doucement suspendue,
» Glissait près du tonnerre endormi dans la nue.
» Du Gange sous mes pieds se déroulaient les flots ;
» Je planais, demandant l'asile et le repos
» Aux monts, aux prés, aux bois, à la nature entière.
» Du jour qui s'éteignait la caresse dernière
» Colorait les manguiers de rayons pâlissans
» Et semblait s'assoupir parmi des flots d'encens.

» Un jeune voyageur, tout baigné de rosée,
» La tête sur sa main languissamment posée,
» Dormait. Hélas ! sans moi, son funeste sommeil,
» Sur la terre jamais n'eût connu de réveil.
» Sous le Mancenillier, sous l'arbre au noir feuillage,
» Qui verse le trépas de son perfide ombrage,
» Il dormait, il mourait ! J'eus pitié de son sort.

» Environné déjà des ombres de la mort,
» Vers les rives d'Ormuz, où le ciel fait éclore
» Et des jours et des nuits sans voile et sans aurore,
» Je l'emporte en mes bras ; il rouvre ces beaux yeux
» Qui me devaient le jour, où je crus voir les cieux.»

« — O toi dont le regard sur un mortel s'abaisse,
Quel est ton nom, dit-il, ange, femme ou déesse ?
Par quel charme inconnu vers ces lieux emporté,
Mon cœur, en te voyant, ivre de volupté,
Reconnaît-il en toi celle que ma pensée,
Par des rêves divins mollement caressée,
Poursuivait dans le jour, et cherchait dans les nuits ?
Ne fuis pas ! Brille encore à mes yeux éblouis !
Ah ! que j'admire encor ces ailes éthérées,
Ces contours ravissans et ces boucles dorées,
Que de l'Éden brillant d'où tu pris ton essor,
Un souffle parfumé semble animer encor !
Des transports d'un mortel crains-tu la violence ?

Ah ! que je puisse au moins t'adorer en silence !
Donne encore un regard ! donne encore un soupir !
Un éclair de tes yeux !.. et laisse-moi mourir ! »—

« Il dit. Toute mon ame à l'amour asservie,
» Abjure en un moment son immortelle vie.
» Dieu ! que de voluptés ! Non, ces plaisirs jamais
» Ne seront égalés que par mes longs regrets !...
» Ivresse trop fatale ! ô brûlantes étreintes !
» Là je bornai bientôt mes desirs et mes craintes !
» Là je vis le passé, le présent, l'avenir !...
» Et du ciel, mon berceau, perdant tout souvenir,
» J'oubliai mon Éden, j'oubliai ma patrie.
» Un soir, bien loin de toi, mon étoile chérie,
» Un nuage d'été sous ses plis orageux
» Cachait nos voluptés, et ma honte et ses feux.
» Du ciel, dont près de nous mugissait le tonnerre
» Nos imprudens baisers défiaient la colère.
» Dévoré sous mes yeux par un soudain trépas,

» Consumé par la foudre, il tombe dans mes bras,
» Il meurt.... Le bonheur fuit; le repentir me reste.
» J'ai perdu pour toujours mon asile céleste,
» Et ma voix cependant se mêlant à mes pleurs,
» Raconte mes amours, mes remords, mes douleurs!»

— On l'entend, on gémit sous les parvis magiques.
L'ange même qui veille aux célestes portiques,
A ses devoirs sacrés infidèle un instant,
Pour l'écouter s'approche, et pleure en l'écoutant.
Ainsi du nénuphar, fleur aux Dieux consacrée,
S'élève sur les eaux la corolle azurée,
Brillante, mais humide, et mêlant à nos yeux
Le bleu pur de ses fleurs au vif reflet des cieux.

« Ma sœur, l'Éden heureux que ton amour implore,
» A tes vœux si touchans peut se rouvrir encore.
» Éza! qu'un doux espoir ranime tes esprits!
» Au livre du destin j'ai lu ces mots écrits :

L'Oracle.

La Zendovère condamnée
Peut un jour être pardonnée ;
Mais sa main doit offrir au seuil religieux
Un céleste présent, digne d'elle et des cieux.

« Cherche un si doux trésor, ô belle Zendovère !
» Interroge le ciel ; parcours toute la terre !
» Vole, fuis, et reviens ! — Ah ! qu'il nous sera doux
» De te revoir un jour partager avec nous
» Cet Éden, où l'amour vit avec le génie,
» Où l'odeur est parfum et le bruit harmonie ;
» Où les filles des airs, ces anges ravissans
» Lancent vers l'Éternel et les feux et l'encens.
» Éza, reviens bientôt ! »

A ces mots attentive,
Éza fuit dans les airs ; la comète moins vive

S'élance pour unir aux ardeurs du soleil,
Ses baisers, jaillissans en un sillon vermeil :
Voyez-vous voltiger, de ses rapides ailes,
Les mobiles clartés, les pures étincelles ?
Le pôle, couronné de drapeaux lumineux,
Fait, quand l'aube renaît, éclater moins de feux.
De ce tissu léger la solide souplesse,
Sur cent fibres d'argent repose avec mollesse :
Sous la voûte éthérée, où règne encor la nuit,
Elle glisse, elle vole, elle brille, elle fuit :
Comme une glace pure, au soleil présentée,
Elle semble d'azur, purpurine, argentée ;
Pareille à l'onde errante, au fugitif éclair,
Fille, au corps inconstant, du soleil et de l'air !

« Vous avez, dit le vieillard aux jeunes filles, ajouté des couleurs bien vives à l'antique tradition de la Zendovère. Les plus sévères de nos Pundits ne manqueront pas de vous en faire le reproche. Ils vous blâmeront aussi d'employer souvent ce genre de poésie aérienne qui appartient sans doute à votre sujet, mais dont ils assimileront les créations rêveuses aux prestiges d'un songe, et aux palais que les enfans croient voir dans les nuages quand le soleil se couche. Mais les premières clartés de l'aube chassent la nuit; le batelier du Gange commence déjà sa course matinale : allez prendre le repos qui vous est nécessaire avant les fêtes de demain; allez, aimables filles, et ne perdez pas l'espérance ! » Il dit, et les Devêtas se retirent, ainsi que le vieillard, vers leur paisible retraite.

SECONDE NUIT.

Le Temple de Sarhâzie.

SECONDE NUIT.

Le Temple de Sarhâzie.

Le jour naissait, le jour saint des fêtes de Sarhâzie. L'aurore semblait faire éclore, de minute en minute, un nouveau prestige; les coupoles, les cimes des bois se montraient brillantes, comme si chaque rayon du soleil les eût fait naître tour-à-tour. De longs festons de caldeiras épineux et de roses du Bengale sont suspendus aux vastes pyramides triangulaires. Tout retentit des cris de la joie, le bruyant gombé* se fait entendre de toutes parts. La procession solennelle, le *Poutzé*

---
* Cornet de cuivre.

commence. Des arcs de triomphe embellissent toutes les rues; des festons de fleurs se croisent des fenêtres d'une maison aux ouvertures sculptées dans le *Kowiel*. Le *Niezáan*, le drapeau saint, flotte au gré des vents. De toutes parts l'encens s'élève dans les airs; la multitude pousse des cris de joie, et la statue colossale de la déesse semble animée d'une vie réelle; des hommes placés dans le sein de la statue gigantesque en font jouer les ressorts, et font mouvoir ces cent bras qui versent les bénédictions sur le peuple.

Pendant que les Indiens se livrent à ces fêtes et que les trois Devêtas se préparent aux hymnes du soir; que deviennent et la fiancée de Bénarès et cette amie si fidèle, que la mort même n'effrayait pas et qui voulait la suivre dans le bûcher du Rajah? Demsaïl, pendant que ses rivales chantaient, sous le Figuier des Banians, les plaintes et les espérances de la Zendovère exilée, s'était retirée dans les appartemens du temple. Elle avait été répandre des larmes dans l'asile le plus secret et le plus solitaire, dans la chambre la plus éloignée de tout bruit. Zemaly était le seul bien que Demsaïl possédât au monde. Toutes deux étaient nées à Sérampore. Reçues prêtresses au même moment, leur amitié était leur existence. Elles n'avaient qu'une seule ame dans chacune des pensées qui les animaient. Leur tendresse était si vive et si connue, qu'on les nommait, à Bénarès, les sœurs du temple ; et personne ne croyait que Demsaïl pût survivre à la perte de Zemaly.

Tantôt appuyée sur les balustrades d'où l'on découvrait au loin le Gange; tantôt demandant à genoux aux idoles dont les images l'environnaient, la vie de la fiancée, Demsaïl se livrait à tout son désespoir. La lyre sacrée qu'elle devait faire bientôt retentir était à ses pieds. L'encens et les parfums étaient répandus à terre, et les cassolettes étaient brisées. Autour de la malheureuse Devêta, comme sur son beau visage, on lisait une amère douleur, un horrible désespoir.

Cependant elle devait, comme ses compagnes, briguer bientôt le titre de reine des Devêtas, et chanter à son tour les hymnes saints. Son rang de prêtresse et sa gloire étaient intéressés dans ce combat. Combien peu toutefois cette pensée l'occupait! Le sort de Zémaly remplit son ame; c'est lui qui l'agite, qui la navre; et les hymnes que la malheureuse prêtresse sera forcée d'improviser, seront pâles, douloureux et faibles comme elle. Cependant il faut qu'elle suive le Poutzé, et qu'elle mêle sa tristesse à toutes les fêtes de la journée. On la traîne comme une victime. Assise sur le même palanquin qui porte la belle Psamméris et la brune Azyora, immobile et couverte de son voile, elle ressemble à une statue de la douleur, placée entre les images de la volupté et de la grâce. Le peuple remarque son abattement;

et l'on redit dans la foule : « Voici l'amie de la
» fiancée, voici la sœur de Zemaly. »

Tous les habitans des régions voisines s'étaient empressés de se rendre, pour écouter les prêtresses, au magnifique temple de Pravâti, situé sur le Baramalh, colline qui domine Bénarès. C'était là que devait avoir lieu la première improvisation. La plus âgée des trois Devêtas, Azyora, devait commencer; et le peuple, avide de ces spectacles, attendait avec impatience que l'étoile du soir, se montrant dans le ciel pâlissant, donnât le signal des chants sacrés.

Le jour s'enfuit; l'astre de la déesse brille; et après tous les sacrifices, Azyora conduite par le Gourou*, monte les degrés de l'autel. Le peuple remplit la vaste enceinte. Les deux autres Devêtas s'étaient assises sur des pagnes des étoffes les plus riches. Dans les

* Le grand Brahme.

rangs des Brahmines siége Galzery, qui n'a jamais fait régner sur ses traits une plus impassible sévérité, une majesté plus grave.

Les Devêtas inférieures placent sur la tête d'Azyora la couronne de Mougris, fleur qui inspire, dit-on, les poëtes. L'eau sainte est versée sur les cheveux noirs et flottans de la prêtresse ; la voix d'un pundit prononce le texte sacré devant le peuple; le grand Brahme se lève; tous se prosternent devant lui : « Fille du » temple, que Nareda lui-même préside à vos » chants; que l'inspirée du ciel se trahisse en » révélant les secrets du ciel. Chantez le » trésor qui plaît davantage aux yeux de l'É- » ternel. Dites, ô jeunes Devêtas ! quelle » fut l'offrande qu'apporta la Zendovère au » seuil de l'Éden qu'elle avait perdu. De tous » les objets, de tous les trésors que l'univers » recèle, répondez, Azyora, quel est le » présent le plus digne des immortels, quelle » est la plus pure offrande? »

Telles furent les paroles du chef des Brahmes; des parfums s'élevaient autour de la Devêta, qui se tenait debout, la lyre à la main. Ses belles formes, la noblesse et la grâce de sa pose, en contraste avec la couleur cuivrée de son teint, offraient le plus singulier spectacle. Une rougeur visible se faisait jour à travers le tissu brun et doré de sa peau, et animait encore son teint basané. Si les habitans des îles heureuses du sud voulaient représenter la déesse de la beauté, ils choisiraient l'image d'Azyora. La fille des climats que le soleil embrâse, chercha quelque temps sa réponse à l'oracle; et bientôt sa voix voluptueuse, au milieu du silence du peuple, chanta l'hymne qui devait expliquer l'énigme proposée et raconter le retour de l'Ange exilé.

Chant

DE LA SECONDE NUIT.

Chant d'Aznora.

LES AMANS ARABES.

« Trésor pieux, que le ciel me demande,
» Doux talisman, pure et magique offrande,
» Ah ! dans quels lieux, sous quels antres secrets,
» Au sein des flots, dans les flancs de la terre,
» Les dieux ont-ils caché votre mystère,
» Dernier remède à mes trop longs regrets ?... »

✧✧✧

— Elle disait. Dans les airs balancée,
Et par les vents mollement caressée,
Elle quittait les parvis de l'Éden.

Du jour naissant la brise orientale
Versait l'encens que son baiser exhale ;
Et la Sylphide, en son vol incertain,
Se parfumait des vapeurs du matin.

Long-temps errante au sein de l'atmosphère,
Enfin Éza suspend son vague essor
Sur ces vieux rocs où l'immense condor,
Roi de ces lieux, ose bâtir son aire :
Sur ces vieux rocs, de vieux ifs couronnés,
Et dont l'abri sauvage et tutélaire
Cache aux regards des mortels étonnés
Le noir berceau du Nil, aux eaux fécondes.
L'errante Éza se baigne dans ses ondes,
Puis reparaît ; et traversant les airs,
Des Pharaons voit s'enfuir les déserts.
Sur les débris de cet antique empire,
Sur ces palmiers, ces grottes, ces bosquets,

Sur ces tombeaux qui furent des palais,
Elle voltige, elle plane, soupire,
Et fuit bientôt vers ces lieux enchantés,
Ces bords heureux par l'Arabe habités.
De l'Yémen voici les doux ombrages,
Voici d'Oman les merveilleux rivages.
La nacre et l'ambre y trouvent leurs berceaux,
Et leur éclat se trahit sous les eaux.
Le pélican les effleure de l'aile,
Son blanc plumage avec grâce étincelle
Des feux du jour vivement réfléés.
Séjour de paix! séjour de voluptés!
Un rayon pur sur la nature entière
Répand l'amour, le repos, la lumière!
L'or pâlissant des jeunes citronniers
S'est couronné d'une flamme légère.
Au bord du lac, les groupes des dattiers
Ont incliné vers les eaux frémissantes,
Avec leurs fruits leurs têtes languissantes.

Ainsi l'on voit mollement s'assoupir
Jeune beauté par le sommeil vaincue ;
Sur les coussins ainsi l'on voit languir
De ses attraits la grâce demi-nue ;
Au jour trop vif ses regards se cacher,
Et son beau cou lentement se pencher.

Mais la chaleur accable la nature ;
On n'entend rien que le lointain murmure
Du Biralé * le chantre de l'amour.
Jadis un temple orna ce beau séjour.
Sur ses débris l'éclatante Sultane **
Se tient debout. Son immobilité,
Son vêtement de pourpre diaphane,
Semblent trahir au regard enchanté

* Le rossignol.

** Oiseau commun en Arabie, et dont les pates et le bec sont de couleur pourpre.

De l'oiseau-dieu qu'adore le Brahmane ;
Le marbre saint dans nos temples sculpté.
Tout est muet, les vents et le feuillage :
Le flot murmure à peine sous l'ombrage.
Ah ! croiriez-vous que dans un si beau jour,
Au sein des airs qui respirent l'amour,
Parmi l'encens émané du bocage
Planent la mort, l'horreur et le ravage ?
C'est toi, soleil, qui du fond des déserts
As appelé la sœur de l'esclavage
Ta sombre fille, effroi de l'Univers,
Errant fléau, la peste ! — De son aile
Elle répand cette vapeur mortelle
Qui fuit dans l'onde et glisse dans les airs.
Ce noir démon s'entoure du silence.
Partout présent, il se cache en tous lieux :
L'encens des fleurs et le souffle des cieux
Portent la mort et servent sa vengeance.
Il remplit l'air, et la terre, et les eaux.

Il frappe, il passe,... il laisse des tombeaux !

Que de mortels, rayonnans de jeunesse,
Dans les plaisirs, le bonheur ou l'ivresse
Virent hier s'éteindre le soleil ;
Qui, languissans, invoquent en silence
Pour terme heureux d'une horrible souffrance
Ce long repos qui n'a point de réveil !
Mais l'astre luit. Il éclaire sa proie.
Sur ces amas de corps, nus et sanglans
Il étincelle, et ses rayons brûlans
Semblent briller d'une homicide joie.
On a vu, loin d'un si triste séjour
Épouvanté, s'enfuir le noir vautour.
Seule, à pas lents, la dévorante hyène
Vient de la mort parcourir le domaine.
Puis s'arrêtant sur ces affreux lambeaux,
Elle s'assied, horrible en son repos,

De tant de morts, paisible souveraine,
Calme, farouche, et semblable aux tyrans
Sur les débris des peuples expirans !

Du champ des airs la jeune voyageuse
Voit tant de maux. — « Hélas ! que je vous plains,
» Dit la Sylphide, ô malheureux humains !
» Si de vos jours sur la route orageuse,
» Le sort cruel a jeté quelques biens,
» Des noirs fléaux échappés de ses mains,
» Ah ! que la foule est horrible et nombreuse !
» Et que souvent, pour comble de douleur,
» Le bien lui-même enfante le malheur !
» Ainsi sur vous l'astre de la lumière
» En répandant les flots de sa clarté,
» Torrens de vie et de fécondité,
» Répand la mort ! Son ardeur meurtrière
» Couvre d'effroi le monde ensanglanté.

» Pauvres mortels ! »

Elle dit ; une larme
Au sein des airs coulé de ses beaux yeux :
Célestes pleurs, dont le magique charme
Epure l'air qu'on respire en ces lieux !
Tout devient frais autour de l'immortelle.
Ainsi l'on voit de la rose nouvelle
Sur un rocher le calice entr'ouvert
De ses parfums embaumer le désert.

Des orangers qui parent ce rivage
Quel long murmure a percé le feuillage ?
Sous cet asile, exil aimable et frais,
Un malheureux soupire ses regrets ;
D'un pas furtif lentement il s'avance.
Il fuit : il cherche et l'ombre et le silence.

Il va mourir, mourir seul. De ses jours
L'amitié tendre enchanta l'heureux cours.
Mille mortels, empressés à lui plaire
Suivaient ses pas, partageaient son bonheur :
Et maintenant à son heure dernière
Pas un ne vient partager sa douleur.
Il n'aura pas la dernière caresse
Ou d'une mère ou de ses jeunes sœurs;
Sur le trépas qui frappe sa jeunesse
Pas un ami ne répandra des pleurs.
Pour soulager la flamme dévorante,
L'horrible soif qui brûle dans son sein,
Pas un ami, qui puise de sa main
L'eau nécessaire à sa langueur mourante.
Le malheureux, hélas! n'entendra pas
Ce dernier mot, cet adieu doux et tendre
Qu'au lit funèbre un ami fait entendre,
Ce dernier mot qui charme le trépas
Et fait encore à l'oreille ravie

Errer sa douce et lointaine harmonie :
Comme, entraîné sur l'abîme des eaux,
Le voyageur, en quittant le rivage
De ses amis, qui restent sur la plage,
Entend l'adieu, qui le suit sur les flots !

✧✧✧

O malheureux ! une seule pensée,
Un seul espoir, dont ton ame est bercée,
Calment ta peine, enchantent ta douleur,
Et du trépas adoucissent l'horreur.
Elle vivra, celle qui te fut chère
Sous les abris du palais de son père !
Elle vivra, sous l'ombrage enchanté
De ces cyprès qui versent le silence*,
Et la fraîcheur, et l'ombre, et la santé.
Là, d'un flot pur, par l'obstacle irrité,
Le jet hardi partout brille, s'élance,

* *Voyez* les notes.

Tombe et s'enfuit sur l'albâtre humecté.
Là, du sandal les branches enflammées
Chargent les airs de vapeurs embaumées :
Là tout est frais, pur, comme sa beauté.

Un bruit lointain fait retentir la rive.
Vers ce bocage, asile du trépas,
Quelle beauté si fraîche et si naïve,
Précipitant sa démarche craintive
Vole, s'arrête et tombe entre ses bras ?
C'est elle ! en vain de ses vives tendresses
Il voudrait fuir les aimables caresses.
Elle est venue, auprès de son ami
Pour y mourir, pour quitter avec lui
Ce vain fracas de la vie et du monde,
Qui désormais à sa douleur profonde
N'offrirait plus qu'un solitaire ennui.
Elle le nomme, et l'enlace et le presse.

Il la repousse... et cède avec langueur.....
Et se détourne en sa morne tristesse......
Et dans ses bras enfin presse sa sœur.
Sur ce front pâle, elle arrête et repose
L'incarnat pur de sa bouche de rose,
De ses cheveux détache les anneaux
Et, les plongeant au sein des froides eaux,
Forme avec soin l'humide diadême
Dernier remède aux maux de ce qu'elle aime !

Ah ! ce mourant eût-il jamais pensé
Que de la main qui le tient enlacé
Il dût un jour, avec peine, avec crainte,
Avec douleur, sentir la douce empreinte ?
Ces bras charmans, son Eden, son bonheur,
Eût-il pensé, qu'un jour avec frayeur
Il dût sentir leur caressante étreinte !
Dieux ! quels tourmens ! il fuit avec horreur

Le baiser pur de cette lèvre humide,
Qui sans connaître une pudeur timide,
De ses baisers sollicite l'ardeur !

« Viens ! tendre ami ! daigne encor me sourire ;
» Que ta Zilphé du moins respire encor
» L'air embaumé que ta bouche respire !
» Viens ! qu'il me donne ou la vie ou la mort ;
» Il est plus doux à mon ame charmée
» Que tout l'encens de la belle Idumée !
» Ah ! si mon sang à longs flots répandu
» Pouvait du moins soulager ton supplice !
» Si mon Hafed au jour était rendu,
» Vous le savez, grands Dieux ! qu'avec délice
» J'accomplirais un si doux sacrifice !
» O mon ami ! viens ! arrête sur moi
» De tes beaux yeux la langueur incertaine......
» Déjà la mort me saisit et m'entraîne !

***

» Oui, pour jamais, Hafed ! je suis à toi !
» Le palmier meurt ; et sa feuille en silence
» Jaunit et tombe. Ainsi, mes seuls amours,
» Si je te perds, toi ma seule existence :
» Réponds, réponds, que faire de mes jours ?
» Hafed ! adieu, déjà la mort s'avance !
» Approche-toi ! donne un dernier baiser !
» Un seul encor ! Hafed ! et viens puiser
» Ce doux nectar que ma bouche tremblante
» Offre à ta bouche, et qui peut apaiser
» L'affreux transport de ta fièvre brûlante ! »

Ainsi qu'on voit dans l'ombre d'un caveau
S'évanouir la clarté d'un flambeau,
Elle pâlit, elle meurt, elle tombe ;
Au noir démon sa faiblesse succombe.
Elle n'est plus. Hafed, contre la mort
Un seul moment s'agite et lutte encor.

Un long baiser, une étreinte éternelle
Unit le sort de ce couple fidèle !
Ils ne sont plus ! et tendrement pressés,
Et dans les bras l'un de l'autre enlacés,
O de l'amour tendre et dernier empire !
Au trépas même ils paraissent sourire.
Ainsi l'on voit deux martyrs bienheureux,
Fiers de mourir et fiers de vaincre ensemble,
Sourire au sein des glaives et des feux.
« Vous, dit Éza, qu'un doux trépas rassemble,
» Dormez, amans, et que le myrthe en fleurs,
» Que de Cama la rose printanière,
» Sur vos tombeaux prodiguent leurs odeurs.
» Moi, je recueille en ma coupe légère
» Ces derniers pleurs, trésor religieux
» Digne de moi, digne des justes Dieux ! »

Telle fut la réponse de la prêtresse. Les derniers pleurs du dévouement, le sacrifice de l'amour, étaient, selon Azyora, la plus pure des offrandes. Un long murmure témoigna l'approbation du peuple.

La nuit était avancée, lorsqu'elle cessa de chanter. Un air frais et embaumé pénétrait dans l'enceinte magnifique du temple. Des milliers d'étoiles scintillantes brillaient tour à tour. Une des idoles indiennes étendait sa main immense sur la prêtresse; les cérémonies continuèrent, et le jour ne tarda pas à renaître et à éclairer les ornemens délicats que des mains habiles avaient prodigués dans le lieu saint. La lumière glissait avec l'encens des violettes qui croissaient çà et là parmi les ruines, sous ces galeries hautes et larges, soutenues par toutes les statues extraordinaires de la mythologie brahmanique. Le temple était placé sur une hauteur, et les bananiers qui croissaient sur le penchant de la colline, laissaient s'exhaler, pour ainsi dire, vers lui les accens des bengalis que recélaient leurs feuilles. Tout était fraîcheur et parfum, et sous le ciel qui bientôt allait s'embrâser, on respirait encore l'air suave de la nuit avec une volupté enchanteresse.

Au milieu des acclamations religieuses du peuple, la prêtresse qui vient de chanter le dévouement de l'amour est ramenée dans une pompe brillante à son asile sacré.

TROISIÈME NUIT.

Doumar-Leyna.

TROISIEME NUIT.

Doumar-Leyna.

Le jour est passé. Voici la nuit où la belle Psammeris doit à son tour expliquer l'oracle. Les cérémonies de cette journée avaient conduit le peuple dans le temple de Doumar-Leyna. Ce lieu sacré fut témoin de l'improvisation de la fille du Grec.

C'était sous un rocher immense qu'était pratiqué ce vieux sanctuaire, dont la fondation se perdait dans les siècles les plus reculés. Un quadruple rang de pilastres courts et carrés, surmontés d'une petite colonne ronde, soutenait cet étrange asile. De grands quartiers de roc se montraient sous les parvis du temple, et mêlaient, aux travaux de l'art, l'énergie d'une nature indomptable. Deux lions énormes, sculptés dans le granit, semblaient défendre l'approche de la source sacrée que ce lieu offrait à la vénération des hommes pieux. Tout avait été préparé dans le temple. Psammeris, appuyée d'une main sur le cou de l'un des lions, accorda sa harpe et préluda.

Belle comme les statues grecques, on reconnaissait en elle je ne sais quoi de noble et d'élégant, qui semblait étranger au peuple et aux mœurs qui l'environnaient. Les contrées de l'Europe étaient présentes à sa pensée; c'était là qu'elle avait suivi son père; c'était là qu'il était mort dans ses bras; c'était à ce vieux pays de la civilisation que la reportait sa pensée dans les momens de l'inspiration. Elle commença :

Chant

DE LA TROISIÈME NUIT.

Chant de Psammeris.

LE PÈRE ET LA FILLE.

Il est une terre féconde,
Berceau du soleil, roi des jours ;
Des feux dont cet astre l'inonde,
Naissent les fleurs et les amours.
Là, le tigre, au palmier sauvage,
Demande un tutélaire ombrage ;
Le myrthe embrasse le cyprès ;
Le noir vautour étend son aile
Près de la douce tourterelle;
Brûlant de volupté, l'air anime aux forfaits.

« Adieu, climats d'horreur, d'amour, de poésie :
» O filles du soleil, ô plaines de l'Asie !
» Je dirige mon vol vers de plus doux climats,
» Que le soleil éclaire et ne dévore pas ! »
Elle dit ; elle vole, et déjà sous sa trace
Éza du monde entier voit glisser la surface.
Voici la Grèce, hélas ! sous le joug des bourreaux
Renaîtront-ils enfin, ses enfans, ses héros ?
Ah ! verra-t-on jamais sur leurs urnes brisées,
Parmi les vieux tombeaux, les cendres dispersées,
Ces esclaves tremblans, devenus immortels,
Baigner, d'un noble sang, les débris des autels ?

La Sylphide arrête sa vue
Sur Venise, cité des mers ;
Cette autre Rome suspendue
Sur l'abîme des flots amers.

Elle fixe son vol agile
Sur la cité de Paul-Émile.
Rome ! tu mis le monde aux fers !
Les voilà, tes urnes antiques !
Veuves de cendres héroïques !
Tes enfans avilis ont vengé l'univers.

✧✧✧

Voici les orangers de l'antique Ibérie ;
Voici l'Anglais, trop fier d'avoir une patrie,
Avare pour lui seul de ce divin trésor,
Il vend l'or pour le sang et vend le sang pour l'or.
Son front, enorgueilli de vertus domestiques,
S'élève tout souillé de crimes politiques.
Et toi, brillant pays, qu'à l'immortalité
Consacrent les amours, la gloire et la gaîté :
France ! nouvelle Grèce ! elle fuit ton rivage ;
Des fleurs couvrent tes fers, cachent ton esclavage.

Bientôt l'errante Éza du Mont-Blanc orageux
Atteint le front glacé qui s'entoure de feux.

❖ ❖ ❖

Elle voit les cimes pourprées,
Du jour réfléter les rayons,
Et, de ces lueurs colorées,
Resplendir les neiges des monts.
Sur la plaine sauvage et sombre,
Au loin se projette leur ombre.
La Sylphide, au milieu des airs,
Dit le majestueux cantique,
Et sa voix sonore et magique
Éveille les échos de ces vastes déserts.

Hymne des Montagnes.

Monarque au front de neige, à la robe éclatante,
J'effleure en mon essor ta cime étincelante.
Le soleil qui s'éteint couronne tes glaciers ;
La nue est ton bandeau, la foudre est à tes pieds.
Salut, rempart immense, à la cime inégale !
O vieux géans des rocs, famille colossale !
Des mondes expirés antiques ossemens ;
Des mondes écroulés éternels monumens !
Salut ! de la nature, ô merveilleux caprices !
Où les bois, les cités pendent en précipices.
Et vous au sein des monts, océans renfermés,
Que de pourpre et d'azur Dieu lui-même a semés ;
De repos et d'orage inconstante carrière,
Flots tour à tour brillans d'azur et de lumière !

Généreux souvenirs ! et toi, lac enchanté,
Berceau d'une onde pure et de la liberté !

    Le jour s'obscurcit et s'efface ;
    Un voile noir, du sein des airs,
    Tombe sur l'éternelle glace,
    Seul vêtement de ces déserts.
    Mais un écho sorti de l'ombre
    Trouble la paix muette et sombre
    Qui règne en ce lieu désolé.
    Sur la neige un vieillard se traîne ;
    Le malheureux respire à peine :
Une fille soutient et guide l'exilé.

Long-temps ce fugitif, ce vieillard sans patrie,
Sans autre appui que vous, fille aimable et chérie,

Sous l'ardeur du midi, sous le froid des hivers,
Promena son exil de déserts en déserts.
Il est pauvre, il est vieux : on donne à sa misère,
Avec un peu de pain un regard de colère.
Plaignez sa jeune fille ! elle étouffa cent fois
De sa noble fierté la déchirante voix.
Alors qu'aux exilés, sous leur morne feuillage,
Les buissons refusaient de l'ombre, un fruit sauvage,
Pour son père expirant Lucile mendiait
Ce repas douloureux que sa main apprêtait.

✧ ✧ ✧

Comme, sous une voûte obscure,
Une fille à ce vieux Romain
Versa la source douce et pure
Du lait épanché de son sein,
Comme on la vit servir de mère
Aux jours épuisés de son père :

La fille de l'infortuné
Par un effort plus magnanime,
S'unit volontaire victime
Aux dernières douleurs du vieillard condamné.

✧✧✧

Sur ses pas chancelans réglant des pas dociles,
Attentive à choisir des pentes plus faciles ;
A sa langueur mourante offrant un doux appui ;
Se hâtant, reposant, s'arrêtant avec lui ;
Réchauffant son vieux front d'une paisible haleine,
Pour le laisser dormir ne respirant qu'à peine...
Que de vertus, de pleurs : ah ! dans ces lieux déserts,
Que de cris étouffés et que de maux soufferts !
Que de nuits sans sommeil ! quelle horrible froidure !
Que de fois il fallut, durant la nuit obscure,
Cacher l'effroi, l'horreur, la détresse, la faim,
Tous les tourmens secrets qui dévoraient son sein !

✧✧✧

« Arrête ! enfin de ma misère
» Le dernier terme va venir.
» Approche-toi ! que ton vieux père,
» D'un baiser puisse te bénir !
» O vents de la roche étrangère,
» Venez, recueillez ma poussière ;
» Portez les cendres d'un martyr ;
» Et sur les ingrats en silence,
» Qu'elles répandent la vengeance
» Que me prépare au loin le sévère avenir !

» Des coupables mortels j'osai braver les crimes.
» J'accusai les puissans, je plaignis les victimes ;
» Et portant dans les cours ma redoutable voix,
» A l'oreille des grands je fis gronder les loix.
» Quand sur les saints autels je vis la main du vice,
» Dégouttante d'opprobre, offrir le sacrifice,
» J'abjurai leurs autels par la honte souillés,

» Et de leur saint prestige à jamais dépouillés.
» Voilà pour quels forfaits, écrasant ma vieillesse,
» Ils m'ont donné l'exil, l'opprobre et la détresse ;
» Voilà pour quels forfaits... O suprêmes douleurs !
» O terme de mes maux! viens, ma fille!.. je meurs!»

 Éza, de son aile agitée,
 Cherche à ranimer le vieillard.
 Du sang la source est arrêtée ;
 Son œil se ferme : il est trop tard.
 Fixant sur ses lèvres glacées
 Ses lèvres, doucement pressées,
 Lucile emplit l'air de ses cris.
 Il se lève encore ; il retombe :
 La neige qui lui sert de tombe,
Aux froids baisers des vents dérobe ses débris.

Voyez-vous s'ébranler cette foudre de glace,
Silencieux tonnerre, épouvantable masse ?

C'est l'énorme avalanche : elle roule et grandit;
De sommets en sommets elle tombe et bondit.
Tels ces pensers nouveaux que le génie enfante,
Dogmes audacieux, par une marche lente,
S'entassent dans les flancs de la société.
Long-temps ensevelie, un jour la vérité
S'élance. C'en est fait, tout l'édifice tremble ;
Les peuples et les rois s'engloutissent ensemble.
Tel riche des débris légués par vingt hivers,
L'avalanche s'abime en des gouffres ouverts.

Lucile a vu sur la vallée
Peser cet immense trépas :
La montagne, au loin ébranlée,
Plane, et ne l'épouvante pas.
D'une plus ardente caresse
Elle l'étreint, elle le presse.
Bientôt, à jamais réunis,
La jeune fille et son vieux père,

Au fond du gouffre funéraire,
Pendant l'éternité, dorment ensevelis.

✧✧✧

La Sylphide aperçoit, empreinte sur la glace,
Du sang de la victime une légère trace ;
Elle voit, elle espère : — « O dévoûment pieux !
» Ouvre-moi ma patrie et va fléchir les Dieux !
» O premier des amours, piété filiale,
» Sang versé pour un père ! Une fleur matinale,
» Un baiser de l'Aurore, aux doux champs d'Amenzur
» N'ont rien d'aussi charmant, d'aussi doux, d'aussi pur.
» Chante l'hymne de joie, ô belle Zendovère !
» Prompte comme les vents, que ton aile légère
» T'emporte dans les cieux ! » Elle dit, et sa main
Dépose son offrande aux parvis de l'Éden.

Ces mœurs nouvelles que Psammeris avait décrites, ces régions étrangères sur lesquelles on avait vu la Sylphide faire planer son vol et ses regards, offraient au peuple qui l'écoutait je ne sais quelle séduisante nouveauté. Quelques Pundits cependant, en sortant de la grotte de Doumar-Leyna, observaient que les pensées de la jeune fille semblaient émaner des régions infidèles qu'elle avait parcourues ; que d'ailleurs jamais un hymne sacré n'avait été composé d'une série constante de deux strophes inégales ; et qu'il était impossible que Brahma eût pu regarder comme un talisman magique le singulier cadeau d'une larme d'amour ou d'une goutte de sang, imprimée sur un flocon de neige.

**

QUATRIÈME NUIT.

Le Lac de Ghera.

QUATRIÈME NUIT.

Le lac de Ghera.

Enfin était arrivée la nuit où Demsaïl, l'amie de la fiancée, devait succéder à ses deux rivales. Que de pleurs les deux amies ont versés pendant ces trois jours de fêtes! La fiancée est résignée à son sort; mais la prêtresse veut mourir, elle suivra son amie.

Elle est la plus jeune des trois Devêtas, et, comme telle, elle préside à la cérémonie des fleurs. Des roses, placées dans de petites nacelles légères et brillantes, sont lancées par la main des Brahmes sur le lac de Ghera: données en sacrifice à la Déesse, ces fleurs sont portées au milieu du Gange par les flots qui s'y précipitent.

La pâle prêtresse conduit la procession triomphale. Une nuit délicieuse régnait sur la nature; les fleurs jetées sur les flots répandaient une odeur suave, et paraissaient, aux clartés de la lune, semer les ondes de petites lames argentées. Distribués dans des barques élégantes, les Brahmes et les grands voguent vers ces petites îles, qu'un ruisseau léger sépare, et qui sont chargées de sapins tremblans et de myrtes verts. Dans l'île principale se trouve le lieu saint, l'île consacrée. C'est là que Demsaïl, environnée d'un peuple silencieux, qui laissait à peine apercevoir l'onde sous les nombreuses barques qui la couvraient, chanta d'une voix faible des inspirations auxquelles le désespoir prêtait une secrète et mâle énergie.

Demsaïl, née à Sérampore comme la fiancée, faisait remonter son origine jusqu'à ces Guèbres qui défendirent si long-temps la Perse et les autels de leurs pères, contre l'invasion

des Arabes. Des souvenirs d'héroïsme rempli-
rent son imagination exaltée par la douleur;
elle commença en ces mots :

Chant
DE LA QUATRIÈME NUIT.

Chant de Demsaïl.

L'AMOUR DU PAYS.

Silence aux plaines de Lahore !
Sur le champ de bataille on voit planer la nuit,
Et son obscurité paraît sanglante encore
    Des horreurs du jour qui s'enfuit.
    C'est là, c'est près de ce rivage,
Que sous les fers vainqueurs, jetés par le croissant,
    On a vu l'Africain sauvage,
Le lion du désert, tomber en rugissant.

❖❖❖

Filles de ces plaines brûlantes,
    Pleurez votre fécondité ;

Vos fils vivront sans liberté !
Ouvrez vos entrailles sanglantes ;
Arrachez au vivant tombeau,
Qui leur sert de premier berceau,
Ces fils qui seraient des esclaves !
Par quels crimes ont-ils mérité de servir ?
Les condamner au jour pour les charger d'entraves,
Ah ! ce serait trop les punir !

✧✧✧

Ces nuages de feu promènent-ils la foudre ?
Non ; ce sont les ombres des morts !
Ces drapeaux étendus sur les débris des corps,
Sont souillés de sang et de poudre ;
Le coursier hennissant aux échos de ces lieux,
En vain redemande son maître.
A l'aube qui, demain, brillante va renaître,
Il ne rouvrira point les yeux.

✧✧✧

De ce sacrifice coupable,
Voyez l'encens qui vers les cieux,
S'élève, holocauste effroyable ;
Et ce chaos épouvantable,
Ces fers déshérités de leurs sanglans exploits,
Et ces clairons privés de voix,
Qui n'appelleront plus la gloire.
Ainsi que l'air captif de leur tube d'airain
S'échappait ; ainsi la victoire
A fui d'un vol léger les camps de l'Africain.

✦✦✦

Ces sauvages héros, étendus sur la plaine,
Ils dorment du dernier sommeil ;
Ils baignent leurs membres d'ébène
Dans les flots de leur sang, brûlé par le soleil.
Rougissez devant ces barbares,
Peuples fiers de vos lois, de votre sang avares !

✶✶✶

En vain sur les champs paternels
Roule le char de la conquête :
Vous ployez votre lâche tête ;
Et de vos oppresseurs embrassant les autels,
Vous saluez l'ignominie,
Vous acceptez la tyrannie,
Trop heureux de servir ; et de lâches baisers
Couvrent le pied sanglant qui vous tient écrasés !

※※※

Un de ces Africains mourait pour la patrie ;
Sur la terre sanglante et de son cœur chérie,
Il reposait ses membres nus.
De tous côtés jaillit le sang de ses blessures ;
Ses gigantesques bras sur le sol étendus,
S'agitaient pour chercher, sous les ombres obscures,
Ces flèches, ce carquois, dont les atteintes sûres,
S'abreuvent de poisons en ces climats connus.

Il sent venir l'instant suprême ;
Il lance encore l'anathème
Contre les cruels oppresseurs ;
Et dans sa piété farouche,
Ouvre encor sa mourante bouche,
Et jusqu'au fond des cieux va chercher des vengeurs.

Mais au milieu des morts entassés sur la plaine,
Un coursier superbe promène
L'orgueil paisible du vainqueur :
L'Ottoman a vu son ouvrage.
A ce spectacle de carnage,
Le cruel sent frémir son cœur.
Le pied de son coursier s'arrête ;
Il a heurté contre la tête
Du héros bientôt expirant.
L'Africain s'éveille, se lève ;

Sa main ne trouve point de glaive :
O douleur ! il ne peut se venger en mourant !

※※※

« Vis, lui dit l'oppresseur ; je suis las de ravage.
» J'ai pitié de ton sort, et j'aime ton courage.
» Toi que j'ai vu long-temps dans le feu des combats,
» Comme un cercle brûlant faire voler ton bras,
» Sauvage défenseur de la terre natale,
   » Vis; suis-moi !... N'attends pas
   » Que ton dernier souffle s'exhale
   » Sur les débris de tes soldats.
» Te faut-il des trésors ? je t'offre mes richesses :
» Tu couleras ta vie au sein de mes largesses ;
» Sur les bords du Niger élève tes palais,
» Tes égaux, asservis, deviendront tes sujets.
» Commande sous mes lois aux champs qui t'ont vu naître :
» Sois le roi de ces lieux ; seul, je serai ton maître.

※※※

» —Tiens, voilà ma réponse! » Il a dit et son bras
  Soulève le djerid * immense.
L'énorme poids fend l'air, tombe avec violence,
Et ce dernier effort lui donne le trépas.
    Il meurt; il maudit encore
      L'Ottoman épouvanté;
      Et son accent irrité,
    Avec désespoir implore
Une flèche, un moment, la force, le bonheur
De mourir en voyant le sang de l'oppresseur!

   L'oppresseur vit... le héros tombe.
   Tel est l'arrêt des justes Dieux;
   Et l'héroïsme qui succombe,
Voit le crime sanglant triompher à ses yeux.
Sur le guerrier mourant plane la Zendovère.
De son sang à grands flots épanché sur la terre,

* Javelot.

Une goutte jaillit encor.

De son cœur épuisé c'est l'offrande dernière.

L'ange banni du ciel recueille ce trésor.

✢✢✢

Hymne de la Zendovère.

« Au seuil étincelant de l'île lumineuse,

» Vas, offrande mystérieuse,

» Présent digne du ciel, secret de mon bonheur !

» Que des Dieux l'arrêt s'accomplisse.

» Sang noblement versé, sublime sacrifice,

Je te devrai l'Éden, seul désir de mon cœur !

» Tout le sang répandu sur les champs du carnage

» Pour le choix d'un vil esclavage,

Inspire de l'horreur aux justes Immortels.

» Mais le sang échappé des veines
» Du mortel qui succombe en repoussant des chaînes,
» Est pur comme l'eau sainte arrosant les autels !

» Rien ne peut conquérir mon étoile adorée,
   » Si ce n'est vous, larme sacrée
» Du héros expirant sacrifice dernier;
    » Libation douce et sublime,
    » Que par un effort magnanime,
» La liberté puisa dans les flancs du guerrier ! »

Elle dit. De l'Éden les portes retentissent :
Du sein de ses parvis des gerbes d'or jaillissent ;
Ils laissent échapper de suaves concerts :
Le bonheur t'appartient, Éza ! fille des airs !

La tête de Demsaïl se penchait comme un beau lis chargé de rosée; elle retomba sans force entre les bras des prêtres. Les barques ramenèrent au rivage les Bramines et les Prêtresses; et sous les lueurs de l'astre nocturne, la procession solennelle revint au temple de Zalambron, où Brahma devait, par la bouche de ses prêtres, désigner la vierge inspirée, à laquelle les dieux avaient révélé leurs secrets.

Les regards du peuple étaient fixés sur les trois jeunes filles; et l'on attendait impatiemment le jugement des Brahmes qui s'étaient retirés dans les profondeurs du sanctuaire. Chacun des assistans, dans le secret de sa pensée, accordait à l'une des Devêtas le don de l'inspiration. Les femmes croyaient que la brune Azyora, celle qui avait chanté le sacrifice de l'amour, était la prêtresse choisie; les hymnes étranges où Psammeris avait célébré la piété filiale, trouvaient des admirateurs ; et les hommes, les guerriers, quelques femmes, pensaient que le sang versé pour la patrie était, comme Demsaïl l'avait chanté, le seul talisman que la Zendovère pût apporter, dans sa coupe d'or, aux portes de son céleste séjour.

Silence ! Sur l'airain qui couronne le temple de Zalembron, le Brahmine a frappé douze fois : les fêtes de Sarhâzie expirent ; le peuple attend ; ce silence profond qui, dans une si grande multitude, a je ne sais quoi de terrible, règne sur le peuple de Bénarès. Le grand Brahme s'avance, et ses esclaves, placés autour de lui, font voltiger des plumes de paon, qui chargent l'air de parfums. Il parle ; on tremble à sa voix ; les Devêtas se prosternent.

« Azyora, Psammeris, Demsaïl, toutes trois
» inspirées, le ciel vous avoue : le seul pré-

» sent que le ciel aime, ô jeunes prêtresses !
» c'est le dévouement d'un cœur pur. Mais
» écoutez la sentence sacrée. Qui se dévoue
» pour l'objet aimé de son cœur, qui sacrifie
» sa vie à son amour, périt pour ce qu'il aime,
» et se donne à soi-même. Expirer pour un
» père, est un sacrifice plus pur et plus su-
» blime ; mais c'est remplir un devoir ; c'est
» reporter la vie à la source d'où la vie avait
» émané. Seul, il accomplit un sacrifice sans
» tache, celui qui meurt pour sa patrie : celui
» qui sacrifie une vie au bien de tous : celui
» dont le sang coule, généreusement versé
» pour ses frères. Brahma prononce : *La cou-*
» *ronne sainte ornera les cheveux de Psam-*
» *meris et de sa sœur Azyora : Demsaïl sera*
» *Reine.* »

Il dit. Les Brahmes ont exécuté ses ordres. Les trois Devêtas sont portées en
triomphe. Le nom de Demsaïl retentit. Demsaïl a vaincu. Bénarès, traversé de nouveau,

répète mille fois le nom sacré. Sur le sommet du temple on allume cette lampe de bronze, plus vaste qu'une nacelle, et nourrie sans cesse de flots de camphre et d'encens. Demsaïl ! Demsaïl ! Les flèches de feu lancées dans l'air, s'y brisent et retombent comme une pluie d'étoiles. Demsaïl ! Demsaïl ! Mais l'heureuse prêtresse est silencieuse ; elle est pâle, elle est mourante ; car Zemaly doit bientôt mourir.

CONCLUSION.

CONCLUSION.

Joie et bonheur dans le temple et dans la cité de Bénarès ! Une nouvelle prêtresse s'assied dans le temple, à côté de la Dévéta triomphante. Les ministres ont conduit aux pieds de l'autel une vierge nouvelle; c'est Zemaly.

Amenez le char sacré; que Zemaly et Demsaïl y prennent place; Zemaly, que Demsaïl a sauvée, et Demsaïl, qui, prêtresse inspirée, a dicté les ordres du ciel. Ses premières paroles étaient un oracle; ses premières paroles ont été : « Que Zemaly vive, » qu'elle serve Brahma dans son temple; c'est » l'ordre de Brahma. »

Ce n'est plus sous les ténèbres de la nuit que s'accomplit la double cérémonie sacrée. On se met en marche dès l'aurore. L'horizon semble couronné d'un bandeau d'or et de pourpre, dont les plis, étendus comme par une main magique, couvrent lentement le bord oriental du ciel. De-là sortent des jets de feu qui embrâsent tout l'hémisphère. Les flots du Gange étincèlent de flamme ; enfin de ses vagues allumées on voit sortir le soleil. L'aigle des monts indiens, l'*Avoutrou*, le *Guéroudin*, le Milan sacré, s'élèvent en tournant dans les airs. La fiancée de Bénarès s'avance vers le temple, portée sur le chariot aux vingt roues, traîné par les pélerins religieux. Écoutez les danses harmonieuses des Devétas, qui accueillent à la fois leur reine et leur nouvelle sœur, arrachée à la mort. L'argent sonore suspendu à leur ceinture, à leurs pieds, à leurs bras, fait retentir l'air d'une douce harmonie : « Va,
» chantent-elles, fille choisie du ciel; et toi,

» prêtresse, à laquelle Naréda même dicte ses
» chants; que les accens de la joie vous en-
» tourent, et que le bonheur pur que verse
» le ciel soit le partage de votre amitié. »

Telle fut la fin des fêtes de Sarhâzie. Les légendes de l'Inde ont gardé le souvenir des deux amies. Demsaïl et Zemaly vivent dans les chants sacrés des poëtes. On ne pourra point vous oublier, Demsaïl et Zemaly, modèles de cette douce amitié des femmes: sentiment pur et dégagé de l'égoïsme des sens; sentiment que les peuples de l'Europe leur refusent, et dont les hommes, sans cesse excités à la haine par leurs ambitions et leurs croyances, sont peut-être moins capables qu'elles.

DES
BAYADÈRES,
ou
Devedassies.

DE LEURS MŒURS, LEUR COSTUME
ET LEURS DEVOIRS.

DES BAYADÈRES,

ou

Devedassies.

DE LEURS MOEURS, LEUR COSTUME ET LEURS DEVOIRS.

Les *Balladéras* ou *Bayadères*, ont reçu des Portugais le nom sous lequel on les connaît en Europe. Les Indiens les nomment *Devedassies* ou *Daatscheries*. Une danseuse attachée au service d'un temple et vivant dans son enceinte, est une *Devedassie*. Une danseuse qui voyage et qui promène ses talens et sa beauté, dans les différentes pagodes de l'Inde, est une *Daatscherie*.

On les appelle encore les *Arambhés*. *Rambhé*, déesse de la danse, est fille de *Soresoutie*,

(*Saraswatie*, *Sarâstie*), déesse de l'harmonie et de la musique; elle a eu d'*Indro* ou *Indra*, dieu de l'atmosphère, deux filles, *Nandie* ou la Volupté et *Bringie* ou le Plaisir.

Les *Devedassies*, *Arambhés* ou *Bayadères*, sont en effet les prêtresses du plaisir, de la volupté, de la musique, des grâces et des arts. *Rambhé* est regardée comme leur mère; leur protecteur est l'amour, le dieu *Kaam* ou *Cama*, le dieu des illusions du cœur. *Kaam*, fils de *Maja*, déesse de la ruse et de la grâce; *Kaam*, que les Indiens représentent tenant à la main un arc de canne à sucre et des flèches de roses où est cachée une abeille; *Kaam*, le compagnon et l'ami fidèle de *Vassent*, le dieu du printemps, reçoit chaque année les offrandes des *Devedassies*.

Ces *Prêtresses* se divisent en plusieurs classes; les deux premières classes jouissent dans l'Indostan de prérogatives presque aussi étendues, que celles que les Romains avaient accordées à leurs *vestales*. Consacrées aux autels de *Vishnou* et de *Siéba*, elles apprennent de bonne heure à lire, à écrire, à réciter les poëmes sacrés, à chanter les *Mongols*, les *Oupadas* et les *Khejours*. Les poëmes de la religion indienne forment leur lecture. Des Pundits les instruisent des règles de la versification de leur pays. Placées sous la sauve-garde publique, elles reçoivent le nom de *Béjoumées*, nom qui n'est donné qu'aux épouses des princes; elles s'exercent entre elles à former les danses gracieuses, qu'elles doivent répéter dans le temple et dans les cérémonies publiques. Leur main tresse les guirlandes destinées à parer les idoles; ce sont elles qui chantent les victoires et les amours des divinités indiennes; qui purifient la laine des *Boshrous* ou vêtemens sacrés, qui entretiennent les lampes du temple et qui allument le feu de l'holocauste.

Les *Devedassies* de seconde classe, avec moins de priviléges, ont plus de liberté. Elles choisissent le lieu de leur demeure; et les prêtres exigent seulement qu'elles se trouvent réunies tous les jours en assez grand nombre pour le service du temple. On les voit, comme les danseuses de première classe, suivre les processions publiques. Souvent appelées aux festins des grands, elles y chantent l'épithalame; elles assistent aux funérailles et récitent les hymnes de la mort.

Il n'est point permis à ces deux classes de femmes de se livrer aux hommes qui sont regardés comme impurs, aux Européens, aux Mahométans et aux indigènes des classes inférieures; des peines horribles sont prononcées par les livres saints, contre la Devedassie et son amant, d'une classe inférieure; mais il leur est permis de choisir dans les hautes castes un amant de leur goût.

Une Devedassie de première classe ne peut sortir que de la principale caste des *Boischés*. Celles de la *seconde classe* sont choisies dans les principales castes des *Sudders*. Les *Tantirbas* ou tisserands, lorsqu'ils ont cinq filles, se font un devoir d'en consacrer une à quelque temple.

On ne reçoit une *Devedassie* qu'après l'avoir soumise à un rigoureux examen : elle doit être jolie, bien faite, n'être attaquée d'aucun mal, ou sujette à aucune infirmité héréditaire, et n'être point marquée de petite vérole. Elle doit être ou très-jeune et non encore nubile, ou fiancée. Le grand-prêtre, que les parens instruisent de leur désir, se transporte chez eux. S'il accepte leur offre, il leur fait signer le *logno-porr*, ou traité par lequel le père et la mère renoncent à toute espèce de droits sur leur fille.

Revêtue des plus riches habits, la jeune Devedassie est conduite au temple en triomphe. Les autres prêtresses la reçoivent et la baignent dans le *tirtha*, ou l'étang du temple. Les vêtemens sacrés lui sont donnés, et elle prononce le vœu d'embrasser le culte du temple. Le grand-prêtre détache une couronne de fleurs placée sur la tête de l'idole, et la passe au cou de la Devêdassie. On lui perce les lobes des oreilles pour y suspendre des bijoux d'une forme particulière, et dès-lors la Devêdassie est consacrée au service de la divinité.

Il y a beaucoup de grâce et d'élégance dans le costume des Devêdassies. Leurs cheveux noirs, baignés dans le parfum du *Pieschtok*, et brillans comme le jais, forment une longue tresse, ornée de plaques d'or, et terminée par une houppe de soie et d'or filé. Le *Tschormka*, large disque d'or, étincèle sur le sommet de leur tête. Partagée sur le front en deux parties égales, leur chevelure tombe le long des tempes, et se cache derrière leurs oreilles, où elles sont soutenues par quelques chaînettes d'or dont les bouts vont se perdre dans la grande tresse.

Elles portent plusieurs anneaux d'or, et

quelquefois des pierreries suspendues à leurs oreilles. Elles se fardent, tantôt avec le *gon-dha-horièdra*, espèce de *souchet*, d'un jaune doré, tantôt avec le souchet ordinaire, qui râpé dans l'eau donne un beau vermillon.

Sur leur front est placé un petit cercle d'or, attaché sur la peau par le moyen d'une espèce de gomme, appelée *ticas*. Leurs paupières ordinairement très-longues, sont teintes en noir avec le *tschokko-tschaaf*, espèce de composition dont l'antimoine est la base. Cette teinture donne aux yeux une vivacité singulière, et les fait paraître plus grands qu'ils ne le sont en effet.

Leur cou est garni de plusieurs *chikols*, ou chaînes d'or. Un léger tissu, nommé le *rawké*, couvre leur gorge et la contient : il est lacé par devant ; mais les deux bouts inférieurs sont attachés par des boutons de perle au-dessous du sein. Au lieu de détruire par la baleine et le corset ce présent de la nature, les

Indiennes l'enveloppent et le soutiennent sans le comprimer : quelques-unes, plus soigneuses encore, l'enveloppent dans des formes à jour, faites d'une écorce souple, auxquelles on donne la couleur de la chair, et qui s'attachent sur le dos avec des rubans.

Leur corps est nu depuis l'estomac jusqu'au nombril. Là commence un pantalon étroit, formé d'une étoffe de soie rayée. Un morceau d'étoffe de neuf aunes de longueur sur une aune ou une aune et demie de large, enveloppe plusieurs fois la partie inférieure du corps; serré sur les reins, il forme par devant des plis nombreux. On l'attache sur les hanches avec une ceinture d'argent battu, qui se ferme au moyen d'un ressort en cercle, et par dessus laquelle retombent les bouts supérieurs de la pagne.

Une espèce de voile d'une étoffe légère et transparente, cache un peu leur sein, passe par dessus une de leurs épaules, flotte sur leur dos comme une écharpe : les deux bouts sont cachés dans la ceinture.

Elles se chargent les bras, les jambes, tous les doigts des mains et des pieds, d'anneaux et de bagues d'or. Elles se peignent le bout des ongles d'une couleur rouge tirée d'une plante connue sous le nom de *mindie* ou *lakscha*. Mais leurs ornemens les plus aimables et les plus ordinaires sont des guirlandes de fleurs. Il est rare qu'elles marchent sans tenir un bouquet à la main. Le voyageur hollandais, Jacques Haaffner, qui a dû la vie à une jeune *Bayadère*, la belle Mamia, décrit ainsi d'un style naïf, auquel nous ne changerons rien, l'aspect de ces jeunes prêtresses, et le prestige qui les environne.

« Une jeune et jolie danseuse, dans toute
» sa parure, avec ses mouvemens aisés et sa
» démarche molle et légère, est une créature
» enchanteresse et séduisante. Sa coiffure pi-
» quante et simple, une gorge charmante qui

» se cache et se montre à moitié ; la beauté de ses
» bras, les plis artistement disposés d'une robe,
» qui indiquent d'heureux contours, sans les
» dévoiler ; le jet gracieux et léger de son
» écharpe ; tous ses vêtemens sont en harmonie
» avec sa beauté naturelle, et contribuent à la
» faire ressortir. Chacun de ses mouvemens a
» une grâce nouvelle ; chacune de ses poses ins-
» pire une volupté enivrante qui ne blesse
» jamais la pudeur. »

La danse, pour toute autre femme qu'une Bayadère, serait un crime. Mais chez les Devêdassies cet exercice plein de grâce, et consacré aux dieux, est une partie du culte. Lorsqu'elles s'approchent de leurs idoles, elles doivent s'être baignées, n'avoir mangé ni oignon, ni ail, ni aucune des viandes réprouvées par les dogmes nationaux. Il faut qu'elles ne soient ni malades, ni blessées ; qu'elles ne ressentent pas la plus légère indisposition, et qu'elles ne soient point enceintes.

Leurs genres de danse sont nombreux. Tantôt leur corps, par des mouvemens doux et vifs tour à tour, séduit l'œil sans l'étonner; tantôt elles bondissent et parcourent, d'après des règles prescrites, un vaste espace de terrain ; mais elles triomphent surtout quand il s'agit, par une pantomime, de faire le récit muet d'une aventure, d'un combat, d'un enlèvement, d'une intrigue. Elles ne torturent point leurs membres; jamais leur expression ne grimace : toutes les attitudes de leur corps sont éloquentes et précises.

Avant la danse, elles se tiennent en rond, couvertes de leurs voiles. Le *tourté*, instrument dont le son rappelle les notes monotones du basson; le *nagassarem*, espèce de hautbois qui donne des tons mélancoliques ; le *carna*, espèce de flûte; le *talan*, cymbale composée de deux bassins de cuivre; le *matalan*, petit tambour que l'on frappe avec les mains; le *dool*, caisse immense qui résonne sous deux baguettes, retentissent tour à tour. Enfin, l'ouverture se termine, et les Devêdassies découvrant toutes à la fois leurs visages, s'avancent et se placent. Le *maître*, ou *chelimbikaren*, marche après elles et dirige, du geste et de la voix, leurs pas étudiés. Il agite deux castagnettes d'acier et de cuivre, dont le son règle leurs mouvemens. Elles se mêlent, se groupent, se séparent avec un goût et une grâce admirables. C'est ordinairement dans les assemblées secrètes, à l'ombre de l'ala, au milieu de jardins embaumés, qu'elles déploient tous leurs talens. L'odeur enchanteresse des fleurs et des parfums, le chant, la musique, la volupté de leurs attitudes, captivent le cœur, embrâsent les sens.

Ces prêtresses de la volupté sont modestes dans leur démarche, fidèles dans leurs amours. Plus d'une Bayadère s'est brûlée sur le corps de son amant. Rarement voit-on les affections de ces femmes, une fois payées de retour, changer d'objet. Si elles ont des enfans, ce qui est rare, leurs filles deviennent Bayadères, et leurs fils, *jontris* ou *musiciens*.

Les Bayadères de première classe sont presque toujours attachées à des Brahmes ou Xetries; celles de la seconde ont pour amans des marchands banians et des seigneurs. Elles cherchent peu à tirer parti de leurs charmes; on ne les voit pas, après avoir ruiné celui qui les aimait, passer entre les bras d'un plus opulent possesseur.

Les dernières classes mêmes de ces femmes, celles qui voyagent à travers l'Indoustan, et que l'on nomme *Nataks*, *Kaans*, *Kouthénies*, *Soutredharies*, ne connaissent point la monstrueuse alliance de la cupidité, de la fourberie et de la volupté. On les paye, il est vrai; mais si l'amour leur est étranger, elles portent dans ce genre même de vie une probité parfaite. Et si une fois elles aiment, ce sentiment seul les entraîne; la pensée d'un lucre leur est odieuse.

Telles sont ces courtisanes de l'Inde que tant de voyageurs ont représentées sous des couleurs différentes : *Goëthe*, dans une élégie charmante, et l'auteur français des *Bayadères*, sont les seuls qui jusqu'ici aient retracé fidèlement leurs mœurs. Changer l'amour en métier, le plaisir en habitude, est le malheur et non le tort de leur vie : la volupté est leur culte; mais elles ignorent et cette coquetterie de l'esprit, qui cherche des victimes sans trouver le plaisir, et cette galanterie froide, le vain mensonge de l'amour.

NOTES

DE LA FIANCÉE

DE BÉNARÈS.

NOTES

DE L'INTRODUCTION.

DES MOEURS

ET DES TRADITIONS INDIENNES.

Voyez s'avancer lentement ces jeunes femmes prêtes à périr, etc. Pag. 2.

La coutume épouvantable de brûler sur le cadavre d'un homme puissant ses esclaves et ses femmes, existe dans les Indes, s'il faut croire Claude Buchanan, depuis la conquête d'Alexandre. Voici ses paroles.

« Aux environs de Calcutta, plus de deux cents femmes se brûlent par an sur le corps de leurs maris. Les Pundits prétendent appuyer cette cou-

tume horrible sur leurs traditions religieuses ; mais les passages des Shastars (Sastras), qu'ils apportent en témoignage sont susceptibles de recevoir diverses interprétations : quelques versets semblent approuver cette coutume ; d'autres versets la désapprouvent. Quand on fait cette remarque aux Brahmes, ils répondent que c'est l'usage. »
Cl. Buchanan.

Les lois de Menu sont évidemment contraires à cette pratique sanguinaire. Ces antiques préceptes si vénérés dans l'Inde, donnent aux veuves les leçons suivantes :

« Qu'une veuve se mortifie ; qu'elle vive de fleurs pures, de racines et de fruits. Son seigneur est mort ; elle a tout perdu. Elle ne doit pas même prononcer le nom d'un autre homme. Qu'elle passe le reste de ses jours dans la solitude et la douleur, repoussant la joie, s'abstenant des plaisirs, et consacrant son ame à une seule image, à un seul souvenir. Une veuve vertueuse s'exalte par ce sacrifice jusqu'à la pureté du Brahmane le plus austère ;

le ciel s'ouvre pour elle. Sa pieuse austérité la rend digne de toutes les récompenses divines. Mais la veuve qui cède au désir de produire encore des enfans, et qui, par un nouveau mariage, insulte à l'ombre de son mari, s'avilit sur la terre et s'exile du ciel. » *Institut de Menu*, ch. 5.

Ainsi, l'une des plus ridicules barbaries qui aient déshonoré l'espèce humaine, est née, comme tant d'autres, de l'interprétation des ministres du culte, et non de la volonté de ses fondateurs.

Les esclaves forment une chaîne autour du bûcher. Ils chantent, ils se précipitent. Pag. 5.

Le voyageur Bernier fut témoin d'une cérémonie de ce genre; il la raconte avec énergie et simplicité......

...... « Cette tragédie infernale ne s'arrêta point là. J'avais cru d'abord que cette danse n'était qu'une pure cérémonie. Mais quelle fut ma surprise de voir l'une d'elles se précipiter dans les flammes; les autres continuer leurs danses et leurs chants

sans aucune apparence de crainte, et suivre chacune à leur tour l'exemple de leurs compagnes. »
BERNIER.

On lui arrache ses bracelets d'or, on la dépouille de tous les ornemens qui la parent, etc. Pag. 6.

« Tous ses ornemens, dit Stavorinus en parlant d'un sacrifice de ce genre, lui furent arrachés. On brisa ses bracelets, et on plaça sur sa tête une couronne blanche. Ses cheveux furent partagés en cinq tresses, etc. » STAVORINUS.

La chaîne fatale reste seule suspendue à son cou. Elle va périr, etc. Pag. 6.

C'est cette chaîne nommée *tali* qui atteste les droits de l'époux. L'Anglais Roger a donné une description fort exacte d'un mariage indien. « Quand une jeune fille est sur le point d'être fiancée, on allume le feu sacré avec le bois de Ravasitou. Ce feu est béni par un Bramine. Le fiancé prend dans sa main trois poignées de riz, jette ces trois poignées sur la tête de la fiancée ; elle en prend autant et l'imite. Après quoi le père de la fiancée habille lui-même et lave les pieds du nouvel époux : c'est la mère de la fiancée qui se charge de verser l'eau. Ensuite le père saisit la main de sa fille, y jette une goutte d'eau, y place deux ou trois pièces de monnaie, et dit : « Vous ne m'appartenez plus ; je vous » donne à un autre. » Un serviteur tient prêt le *tali*, ruban fermé par une tête d'or ; le prêtre bénit cette chaîne, que la fiancée prend de ses mains et suspend à son col. C'est ce *tali* qui assure la possession de la jeune fille ; c'est lui qui rend le mariage indissoluble. Avant que le ruban ait été placé, la cérémonie est nulle, et le mariage peut se rompre ; mais après la sanction du *tali*, la jeune fille appartient éternellement à son époux. » A. ROGER.

Elle pousse de longs cris....... On va la lancer dans les flammes, etc., pag. 6.

Les voyageurs sont entrés dans de grandes discussions pour savoir jusqu'à quel point une veuve était forcée de se brûler sur le cadavre de son mari. Il paraît qu'en dernier résultat cette coutume était plutôt un point d'honneur qu'une obligation positive; mais que rien n'était plus rare que de voir une femme d'un rang distingué refuser de s'y soumettre.

« Je causai, dit *Pietro della Valle*, avec une jeune veuve qui allait expirer le lendemain. Elle me dit qu'elle aimait la vie, mais qu'elle ne pouvait souffrir l'infamie qui suivait à cette lâcheté : que d'ailleurs ses parens aimaient trop l'honneur de leur famille pour lui permettre de les déshonorer en se déshonorant, etc. » PIETRO DELLA VALLE.

La vue de la mort réveille souvent dans le cœur de ces victimes toute la faiblesse de leur sexe. Alors les Bramines emploient la force. Tous les écrits des voyageurs sont pleins de l'indignation que leur a causée ce spectacle.

« Ces démons, dit Bernier, ou, si l'on veut, ces prêtres, ont de grands bâtons avec lesquels ils poussent la victime dans les flammes; quelquefois ils l'y jettent. J'en ai vu une qui s'éloignait du bûcher en poussant de grands cris, y être lancée par ces bourreaux. » BERNIER.

Ce voyageur véridique raconte ailleurs qu'il fut obligé de fuir le lieu d'un supplice semblable, où une jeune fille de douze ans avait été, malgré ses cris et ses larmes, attachée à un poteau au milieu du bûcher. DELLON, autre voyageur français, s'exprime de même.

« On brûle les veuves de gré ou de force. On n'en voit *que trop* (je ne ferai pas remarquer cette expression), on n'en voit *que trop* qui, après avoir désiré et demandé la mort avec un courage intrépide, et après avoir obtenu et acheté la permission de se brûler, ont tremblé à la vue du bûcher, se sont repenties, mais trop tard, de leur imprudence, et ont fait d'inutiles efforts pour se rétracter. Mais lorsque cela arrive, bien loin que les Bramines soient touchés d'aucune pitié, ils les lient cruellement et les brûlent par force, sans avoir aucun égard à leurs plaintes et à leurs cris. » DELLON, t. I, 138.

Un seul voyageur, un Anglais, M. le colonel Wilks, a cherché à prouver dans ses *Recherches historiques sur l'Inde méridionale*, que les femmes de l'Inde avaient bien le droit de se brûler à leur aise, et que c'était une grande inhumanité que de chercher à les priver de ce plaisir. On peut trouver ce passage curieux, cette apologie du plus fanatique et du plus stupide des usages, dans ses *Historical sketches of the south of India*, t. I, p. 499.

Le Zemindar a fait retentir la douzième heure.... Le jour qui commence ne peut être souillé d'un meurtre. *Ibid.*, p. 7.

Le Zemindar est un Brahme inférieur, celui qui est chargé de sonner l'heure : il doit appartenir à la caste sacrée.

« Le chronomètre indien, dit un ancien voyageur, est une espèce d'horloge d'eau, faite en cuivre. A mesure que l'eau en s'écoulant marque les subdivisions du temps, on frappe sur le bassin de cuivre avec un marteau de bois d'environ dix pouces de diamètre : il se nomme *garnial* et donne une vibration assez forte, dont le son se propage a une grande distance. » STAVORINUS.

Et le bûcher qui fume encore auprès du Gange y laisse tomber les débris de la myrrhe et de l'aloës, mêlés à tant de cendres humaines. Pag. 8.

« L'usage de se brûler est si commun, que la plupart des Joguis placent dans de petites urnes toutes les cendres qu'ils recueillent au pied des bûchers ; ils en parsèment leurs cheveux. Quelle parure ! Ce sont des cendres humaines ! » PIETRO DELLA VALLE.

NOTES.

DES MOEURS

ET DES TRADITIONS INDIENNES.

PREMIÈRE NUIT.

Sarhâzie est la déesse de la volupté et des amours..... Les amans l'invoquent, etc. Pag. 13.

Au milieu du labyrinthe inextricable qu'offre la mythologie indienne, quelques images gracieuses et simples s'offrent de temps en temps. J'ai cherché à rapprocher quelques-uns de ces traits dans mon poëme ; mais on jugerait mal par ces exemples rares les dogmes de cette religion. Il sera peut-être curieux de trouver ici un exemple peu connu de l'extravagance burlesque qui caractérise ces croyances, filles de l'imagination et de la superstition, réunies sous un ciel brûlant et sous l'empire de mœurs indolentes et ignorantes.

« Les plus grands des dieux avaient été soumis par l'infernal Ravana. Le ciel entier faisait son service. *Indra* tressait ses couronnes; *Agni* faisait sa cuisine; *Suria* (le soleil) l'éclairait pendant le jour; et *Chandra* (la lune) pendant la nuit. *Varuna* allait tirer de l'eau; *Kuvera* prenait soin de ses finances; les neuf sphères, le *Nava-Graha*, formaient une échelle par laquelle le tyran montait jusqu'à son trône. *Brahma*, enfin, Brahma tenait l'almanach et disait tout haut l'heure du jour et le jour du mois. *Seva* faisait la barbe aux géans; *Vishnu* était le maître à danser des jeunes filles du ciel; il les menait lui-même à la royale couche. *Ganesa* (l'Apollon indien) trayait les vaches. *Vayu* balayait; *Yama* était blanchisseur. On fouettait de temps en temps toute cette troupe de dieux, quand ils remplissaient mal leurs fonctions. Les déités féminines, *Bhavani*, *Lackshmi*, *Sarasvâti* avaient d'autres charges tout aussi viles. » Moore, *Panthéon des Indiens*, pag. 533.

Mais pour revenir à cette dernière déesse, les Indiens la nomment *Saraswatie*, *Saraswadi*, *Sarhastie*, *Sarasoutie*. Elle préside aux arts, et surtout à la musique ; elle donne aussi la fécondité, la grâce, le génie. C'est la femme de Brahma. « Quelques savans croient reconnaître dans Brahma et Saraswadie, Abraham et Sara. La rencontre est singulière : et plus d'une étymologie, reconnue comme probable, repose sur une ressemblance moins frappante de lettres et de syllables. » Niecamp, p. 1, c. 10, § 2.

Sous ses ordres y respirent des anges féminins, des silphydes chargées d'apporter à la terre les célestes messages, êtres aériens nommés *Zendovères*, etc., etc. P. 13.

Ces anges féminins, espèces de houris indiennes, sont nommées *Gandharvas* par les orientalistes anglais. Sonnerat les appelle *Grindouvères*; Pierre Wilkins les déguise sous le nom de *Graundées*; quelques autres les nomment aussi *Zandovèras*. Quel que soit le nom qu'on leur donne, elles sont les plus aimables habitantes du paradis indien, et partagent, avec les Apsaras, l'office de danseuses et de chanteuses, pour l'amusement des dieux. C'est ainsi que les Persans ont leurs Péris, ou nymphes des fleurs, qui chantent et dansent, le front couronné de roses ; et le Khoran fait plus d'une fois mention de jeunes filles *Khuru lúyun*, aux yeux d'*Antelope*, et destinées à faire les délices des bienheureux. *Voy.* W. JONES.

Au lieu de reposer, tous les habitans des parvis sacrés se préparent aux fêtes que doit ramener l'Aurore, etc. Pag. 14.

Bénarès est la ville sainte des Indiens. Elle est située au 25° 11', latitude nord, et au 83° 5' de longitude. C'est là qu'est l'académie ; les principaux *pundits* ou docteurs, et les *mounies* ou philosophes, y font leur demeure. Beaucoup d'édifices et de temples magnifiques s'élèvent au milieu de rues étroites et de maisons plus hautes que régulières. Les eaux du Gange, qui baignent les murs de la ville, passent pour sacrées ; elles ont, dit-on, beaucoup plus d'efficacité quand on les puise dans la ville même ; aussi les fêtes de Bénarès sont-elles beaucoup plus brillantes, et le nombre des pélerins y est-il beaucoup plus grand que dans le reste de l'Inde.

On fait rouler le raoth, char triomphal qui, cette fois du moins, ne portera que des guirlandes, etc. Pag. 14.

C'est un char immense, dont tous les voyageurs s'accordent à vanter la magnificence. Niecamp dit : « qu'il est d'une grandeur si horrible (tam horren- » dæ magnitudinis) que mille hommes ne suffisent » pas pour le traîner. NIECAM. 1. 10. 518. »

Voici comment s'exprime à ce sujet un ancien missionnaire anglais.

« Ils ont construit un grand chariot qui a seize » roues de chaque côté, le chariot a trente pieds » de haut, chaque roue en a cinq. Dans leurs fêtes, » qui ont lieu la nuit, ils placent leur infernale di- » vinité sur ce chariot, et neuf mille brahmines,

» accompagnés d'une foule innombrable de fakirs, » le traînent ou l'accompagnent. » BRUTON. *Collection de Churchill.*

Il ne fera point tourner à ses roues sanglantes les membres des victimes respirant encore, et déchirés en lambeaux. P. 4.

« Les plus considérables de la ville traînent ce chariot, et les Indiens sont tellement avides de cet honneur, qu'ils s'estiment trop heureux quand à force de se pousser, de se battre, de se blesser, de se mutiler les uns les autres, ils ont pu parvenir à toucher l'une des cordes qui retiennent et attachent le char. Beaucoup d'autres se précipitent par terre et laissent les roues passer sur leur corps. Ils pensent que c'est une manière de mériter le ciel. Les roues du char continuent à traverser la ville en écrasant une multitude de cadavres. » BRUTON. *Collection de Churchill.*

« Ce village, dit l'excellent voyageur J. Haafner, m'offrit, entre autres choses remarquables, un *rotte* ou *teer*, chariot des dieux (quand on les mène en procession), d'une grandeur singulière et orné de figures en sculptures. » Haafner, t. 2, p. 299.

Trois jeunes filles ont été choisies entre les Devêtas pour soutenir cette lutte, etc. Pag. 15.

Devêtas, Divédassies, Devêtashies, Bayadères. On peut consulter à ce sujet l'Histoire des Bayadères qui suit la Fiancée de Bénarès. *Voy.* plus haut, p. 121.

Quel talisman la Zendovère avait-elle pu apporter? Les parfums de l'île de Panchaïa, etc. Pag. 17.

L'île de Panchaïa était célèbre par les parfums précieux qu'elle produisait : elle se trouvait dans l'Océan Indien, au sud de l'Arabie-Heureuse. Diodore fait mention d'un temple de Jupiter, bâti au centre de cette île. « C'était un groupe d'îlots volcaniques, qui a fini par s'écrouler et s'abîmer dans un gouffre sous-marin. » GRANDPRÉ. *Voyage dans l'Océan Indien.*

Elles parvinrent, long-temps avant lui, à un asile charmant, nommé le *Tchoultry de Sarházie.* Pag. 18.

Un tchoultry, que les Français nomment improprement *chauderie,* et les Anglais *chowltree,* est un petit édifice ordinairement situé dans un bois, et dédié à une divinité indienne. *Voy.* HAAFNER : *Oriental researches,* etc.

C'est une espèce de temple naturel formé par un seul figuier des Banians. Pag. 18.

« Le burghut, ou figuier des Banians, a souvent de vingt-quatre à trente pieds de circonférence. C'est le seul arbre connu jusqu'ici, dont toutes les branches poussent des racines. Ces racines, long-temps suspendues, finissent par atteindre la terre qu'elles pénètrent ; elles deviennent les soutiens des branches supérieures, dont le poids immense les ferait casser, si elles ne trouvaient des points d'appui. Souvent ces espèces de colonnes atteignent elles-mêmes une grosseur démesurée, et se recouvrent d'une épaisse écorce. J'en ai vu qui avaient de quatre à cinq pieds de circonférence, et qui, dans leur croissance, suivaient une ligne absolument droite. On les prendrait aisément pour des appuis artificiels placés sous le figuier des Banians, et destinés à le soutenir. Les racines qui tombent des plus hautes branches et qui ne peuvent atteindre jusqu'au sol, entourent les branches-mères et forment autour d'elles une espèce de cuirasse. Un burghut peut atteindre jusqu'à quatre-vingt-dix pieds d'élévation. J'en ai vu qui couvraient de leur ombrage deux acres de terrain. Le burghut a des feuilles presque semblables aux feuilles des lataniers, mais un peu plus larges. Le bois du tronc est léger et friable; celui des pilastres ou des racines est élastique, facile à travailler, et dur. C'est un excellent bois. » *Oriental Field-sports*, t. 2, p. 113.

Choisis ce rhytme de Nava, rhytme doux et aérien, consacré aux chants célestes, etc. Pag. 20.

« Enfin, elle prit une guitare et chanta un air tendre, composé sur le rhytme nommé *Nava*; rhytme doux et céleste dont se servent toujours les amans quand ils veulent exprimer la pureté de leur flamme. » *Contes indiens.*

NOTES

DES CHANTS DE LA PREMIÈRE NUIT.

Quand ton Éden voguant dans l'océan des cieux,
Semble plus doux, baigné de pleurs mystérieux,
p. 23.

Les Bramines ont inventé plusieurs espèces de chars aériens qui portent leurs divinités à travers l'espace céleste. Les plus brillans sont, sans aucun doute, « *ces luminaires* qui, pour me servir des » termes d'un poëte dramatique indien, *roulent* » *en versant des flots de rayons, et qui, portés* » *par une brise légère, supportent la substance* » *aérienne des dieux.* » Sacontala, ou *l'Anneau fatal*, tragédie indienne. Parmi ces étoiles, vaisseaux ou chars aériens, j'ai choisi l'étoile du matin comme la plus connue, la plus brillante, et celle qui chez tous les peuples a été l'objet d'une espèce de culte.

Ainsi du nénuphar, fleur aux dieux consacrée,
S'élève sur les eaux la corolle azurée, p. 36.

« Nénuphar. *Nymphœa alba, cœrulea.* » — Les fleurs de cette plante qu'on trouve dans toutes les eaux douces et stagnantes, sont fort estimées des Indiens, tant à cause de leur beauté que parce que, selon leur mythologie, cette fleur est sortie du nombril du Dieu, et que c'est d'elle que naquit ensuite Brahma. C'est aussi par cette raison que cette plante a reçu le nom de *pedma-nabhah. Pedma*, lotus, *nabhah*, nombril. Le nénuphar ou lotus joue le même rôle dans les vers des poëtes indiens, que la rose chez les poëtes d'Europe. Elle sert d'emblême à la beauté et à la vertu. On l'emploie dans toutes les cérémonies religieuses. » HAAFNER, tom. 2, p. 207.

.... La comète moins vive
S'élance pour unir aux ardeurs du soleil
Ses baisers jaillissans en un sillon vermeil, p. 37.

Selon le système de Jacob Bœhme, ce cordon

nier mystique et fou, qui a fait secte en Allemagne, la comète est une amante du soleil, et le sillon lumineux qui la suit est le baiser de flamme qui marque sa trace dans les cieux. Cette idée n'est pas fort raisonnable, mais elle est poétique.

De ce tissu léger la solide souplesse
Sur cent fibres d'argent repose avec mollesse,
p. 38.

Pierre Wilkins, auteur peu connu, homme d'une imagination féconde et de très-mauvais goût, a consacré à peu près dix pages à décrire les ailes d'un être aérien de ce genre. Il ne fait pas grâce à son lecteur d'un seul cartilage. Il dit comment chaque membrane se rattache; il compte les plis de chaque subdivision des ailes. Sa description est un chef-d'œuvre d'imagination anatomique. Je me contente d'indiquer le *Magasin des Romanciers, Novelist's Magasine*, où l'on pourra la trouver et en admirer la minutieuse magnificence.

SECONDE NUIT.

Tout retentit des cris de la joie.... La procession solennelle, le Poutzé, commence. Pag. 43.

Ces tableaux ne sont point exagérés. En vain accumulerait-on les couleurs les plus brillantes ; on ne parviendrait pas à reproduire dans toute leur pompe les cérémonies indiennes, telles que les voyageurs les décrivent. *Voy.* HAAFNER, t. 1, p. 144.

..... Les ouvertures sculptées dans le Kowiel. Pag. 44.

Le *Kowiel* est un temple avec une pyramide.

Des hommes placés dans le sein de la

statue gigantesque en font jouer les ressorts. Pag. 44.

Ces statues colossales sont faites de carton. Ce sont de véritables poupées chargées d'étoffes riches, et que des hommes, placés dans l'intérieur, font mouvoir aux yeux du peuple. Les Indiens les nomment *boudons*. Ces boudons dégouttent de beurre fondu, et sont presque toujours d'une laideur parfaite, d'une difformité idéale.

Filles du temple, que Nareda lui-même préside à vos chants, etc. Pag. 48.

« Un fils de Brahma, nommé *Nared* ou *Nareda*, l'un des personnages les plus importans de la mythologie indienne, ressemble singulièrement à Hermès ou à Mercure. Législateur sage, guerrier courageux, dieu des arts, messager céleste, il inventa la harpe indienne, nommée *vina*, qu'il touchait avec un talent sans égal. » Sir W. JONES. *Recherches asiatiques.*

Dans un poëme indien, intitulé *Magha*, l'auteur raconte ainsi l'invention de la *vina* par le dieu Nared :

« Le dieu Nared était assis, les yeux fixés sur la » *vina*, suspendue à un arbre. Les cordes, émues » par le vent, laissaient échapper des notes qui » perçaient tour à tour les régions de son oreille, » et procédaient par intervalles musicaux. » MAGHA.

Ses belles formes, la noblesse et la douceur de sa pose, en contraste avec la couleur cuivrée de son teint, etc. Pag. 49.

On trouve dans les Indes toutes les nuances du teint, depuis le noir de jais jusqu'à une pâleur presque européenne. Les prêtres ont soin de composer de toutes les variétés connues dans leur pays, les troupes de Bayadères ou *Devedashies* qu'ils forment pour leurs plaisirs et pour ceux du public. Dans ce poëme, où sont introduites trois de ces jeunes filles, on a conservé la même variété qui les

NOTES

DU CHANT DE LA SECONDE NUIT.

Seule, à pas lents, la dévorante hyène
Vient de la mort parcourir le domaine ;
Puis, s'arrêtant sur ces affreux lambeaux,
Elle s'assied, horrible en son repos,
De tant de morts paisible souveraine,
Calme, farouche et semblable aux tyrans,
Sur les débris des peuples expirans, p. 58.

« J'ai vu, dit le fameux voyageur Bruce, les hyènes remplir les rues de Gondar, et y chercher sous les yeux des habitans les cadavres épars et amoncelés dans les rues. » BRUCE. *Voyage en Abyssinie.*

Elle vivra sous l'ombrage enchanté
De ces cyprès qui versent le silence
Et la fraîcheur, et l'ombre, et la santé, p. 62.

J'ai voulu imiter un fragment délicieux de Sapho,

conservé par un ancien grammairien, nommé *Hermogènes* :

Αμφὶ δε ὕδωρ
Ψυχρὸν κελαδεῖ δι' ὕσδων μαλίνων
Αἰθυστομένων δε φύλλων
Κῶμα καταρρεῖ.

Ce qui veut dire à peu près « qu'avec les gouttes
» de l'eau qui tombe des feuilles d'un bel arbre,
» un doux sommeil, une aimable fraîcheur tombe
» sur celui qui est ombragé par son feuillage. »
Je n'ose cependant pas citer l'autorité de Sapho
pour excuser la hardiesse d'une expression employée
dans ces vers.

Quelle beauté si fraîche et si naïve,
Précipitant sa démarche craintive,
Vole, s'arrête et tombe entre ses bras, p. 63.

Moore qui a tracé une scène ravissante de deux
amans mourant de la peste, n'est pas le premier
poëte qui ait créé ce tableau. Vincent Fabricius,

Darwins, Wilson, avaient déjà traité ce sujet avant lui. On pourrait joindre à ces noms qu'il cite dans ses notes, un poëte allemand, Zacharie; et deux ou trois autres poëtes anglais, Spencer entre autres.

Que de Cama la rose printanière, etc., p. 67.

« La rose de Cama, le *camalata*, est l'ipomæa de Linné. C'est la fleur de l'amour. *Lata*, la fleur rampante; *Cama*, le dieu de l'amour. Si jamais fleur a mérité d'orner le paradis, c'est bien l'Ipomæa. Ses feuilles et sa corolle sont également élégantes; sa couleur est d'un rose presque céleste. Le *Camalata* est la fleur chérie, la rose du paradis d'Indra. » W. JONES.

Un air frais et embaumé pénétrait dans l'enceinte magnifique du temple. Pag. 68.

On peut consulter, pour s'assurer de la vérité et de l'exactitude de cette description, les *Tableaux de l'Indoustan*, de M. Langlès.

TROISIÈME NUIT.

Les cérémonies de la journée avaient conduit le peuple dans le temple de *Dou-mar-Leyna*, etc. Pag. 73.

Dans les *Tableaux de l'Indoustan*, par M. Langlès, on trouvera une vue aussi pittoresque qu'exacte de cette caverne sacrée, abandonnée aujourd'hui, et qui, après avoir servi de temple, est l'asile des gazelles et des chakals.

NOTES

DU CHANT DE LA TROISIÈME NUIT.

Des fleurs couvrent tes fers, cachent ton esclavage.
p. 79.

Il s'agit de la France de 1770.

Et toi, lac enchanté,
Berceau d'une onde pure et de la liberté, p. 82.

Le lac des Waldstœtten, sur lequel Guillaume fut exposé avec Gessler aux flots irrités. On sait que ce héros rustique, chargé par le bailli autrichien de conduire le bateau que les mariniers abandonnaient à la fureur de la tempête, le dirigea jusqu'à une plateforme du mont Axemberg, et, frappant de son pied la nacelle, s'élança sur le flanc nu du rocher. *Voy.* MULLER, ZSCHOKKE, MALLET, etc.

C'est l'énorme avalanche : elle roule et grandit,
De sommets en sommets elle roule et bondit, p. 87.

En appelant l'avalanche *silencieux tonnerre* et *foudre de glace*, je n'ai point cherché l'effet poétique, mais la vérité matérielle. On peut lire ce que disent tous les voyageurs à ce sujet :

« La chute d'une lavange produit un bruit isolé
» qui ne ressemble à aucun autre. Nulle créature
» vivante ne lui répond par un cri de terreur.
» L'écho même est muet dans les innombrables
» anfractuosités des montagnes : ces tortueux dé-
» dales, tapissés d'une neige qui les assourdit,
» reçoivent en silence un murmure insensible,
» auquel aucun autre son ne succède. Le calme,
» dans des régions où la nature expirante est comme
» enveloppée d'un vaste linceul, ajoute à l'im-
» pression de terreur que font ces cimes inabor-
» dables, ces squelettes décharnés, et cette livrée
» des hivers éternels étendue comme le voile de
» l'oubli sur le théâtre des plus anciennes révolu-
» tions du globe. » STAPFER.

« En poussant le pied contre le bord d'une fente
» déjà apparente, on peut déterminer la chute
» d'une avalanche, c'est-à-dire faire glisser la der-
» nière couche de neige-glace sur celle au-dessous.
» Un coup de fusil, la voix des voyageurs, le son
» des clochettes de mulets peuvent avoir le même
» effet. Les avalanches de *neige en poussière*
» (staublouinen) sont plus dangereuses à cause du
» grand espace qu'elles enveloppent, et surtout
» du mouvement qu'elles impriment à l'air. L'ou-
» ragan emporte tout ce qui se trouve sur son pas-
» sage ; arbres, maisons, les pierres même. L'ava-
» lanche de neige-glace, au contraire, ne frappe
» qu'un seul point, ne fait aucun bruit et n'é-
» branle que peu l'air. » SIMOND.

QUATRIÈME NUIT.

Elle est la plus jeune des trois Dévêtas, et préside à la cérémonie des fleurs. De petites nacelles légères et brillantes sont lancées sur le lac. Pag. 94.

Cette cérémonie est en usage dans plusieurs parties de l'Inde. On la retrouve aux Maldives. Le docteur Leyden a donné une description fort agréable de ce rite singulier.

« Une petite barque chargée de parfums, de fleurs,
» de bois odoriférans, est lancée par les prêtres,
» et livrée à la merci des vents et des flots. C'est
» une offrande à l'*Esprit de l'orage* et aux divi-
» nités de la mer, etc., etc. » Doct. LEYDEN,
Essay on Indo-Chinese nations.

Ces Guèbres, qui défendirent si long-temps la Perse et les autels de leurs pères contre l'invasion de l'Arabie. Pag. 94.

Rien n'est plus intéressant que l'histoire des longs efforts des Guèbres pour repousser le joug des Arabes. Poursuivis, massacrés, toujours renaissans, toujours armés, toujours terribles, accablés et non domptés par le nombre de leurs ennemis, ils finissent par fuir une terre où ils ne trouvent plus de patrie, et où la liberté de leur croyance était étouffée. *Voy.* d'HERBELOT, GROSE, PENNANT, etc.

NOTES

DU CHANT DE LA QUATRIEME NUIT.

.... Il a dit, et son bras
Soulève le djérid immense.
L'énorme poids fend l'air, tombe avec violence.

p. 105.

Dans la fameuse bataille de Saint-Jacques, où dix mille Suisses se battirent contre trente mille Armagnacs, commandés par Louis XI, alors dauphin, le même fait que j'attribue à un guerrier sauvage, appartient à un citoyen du canton d'Uri.

« A la fin de la bataille, qui avait duré dix heures,
» le chevalier Bourkhard Munchs, seigneur d'Auens-
» tein et de Landskrone, ennemi des confédérés,
» parcourait à cheval le champ de bataille, accom-
» pagné de quelques autres chevaliers; et foulant

» les cadavres suisses, il s'écria dans sa joie : Main-
» tenant je me baigne dans les roses. Alors se re-
» levant du milieu des morts, le capitaine Arnold
» Schick, d'Uri, lui cria : *Baise encore cette rose-*
» *ci !* et lança au front de Burkhard une pierre qui
» lui porta un coup mortel. » ZOCHOKKE, *Hist de
Suisse.*

Sur le sommet du temple, on allume cette lampe de bronze, plus vaste qu'une nacelle, etc. Pag. 111.

C'est un vaste bassin d'airain où l'on verse des flots de camphre, et qui a la forme et la grandeur d'une barque. *Voy*. GEMELLI CARRERI.

Demsaïl ! Demsaïl ! Les flèches de feu lancées dans l'air s'y brisent, et retombent comme une pluie d'étoiles. Pag. 111.

Les Indiens font grand usage, dans leurs fêtes,

de ces fusées volantes : « La cime de la montagne,
» dit Haafner, était embrâsée par un continuel feu
» d'artifice. Les Gondrans ne cessaient de jeter des
» flammes et des fusées dont l'air était rempli ; ce
» qui donnait à la vallée un air aussi singulier
» qu'imposant. » HAAFNER.

NOTES

DE L'ESSAI SUR LES DEVEDASSIES.

Leur corps est nu depuis l'estomac jusqu'au nombril, etc. Pag. 128.

On peut s'étonner de ce que les Bayadères découvrent à l'œil la partie même du corps que la nature a négligé d'embellir, et qui offre le moins de grâce et d'attrait. Mais peut-être doit-on attribuer cette coutume à l'artifice d'une coquetterie raffinée, qui veut faire deviner par-là combien de beautés recouvre un voile mystérieux.

Le voyageur hollandais, Jacques Haafner, qui dut la vie à une jeune Bayadère, la jeune Mamia, etc. Pag. 129.

L'histoire des amours d'Haafner et de la jeune

Bayadère est pleine de charme et d'intérêt. C'est en la lisant que j'ai conçu l'idée de faire chanter à ces prêtresses de l'amour, les hymnes du dévouement. On verra dans le récit suivant, que je transcris de ce voyageur, jusqu'à quel point ces jeunes prêtresses de la volupté poussent le sacrifice d'elles-mêmes, et quelle naïveté de sensations peut se joindre chez elles à tout l'héroïsme de l'amour.

Je laisse parler Haafner lui-même, afin de conserver à son récit toute la naïveté de son expression.

« La *chauderie* se remplissait de plus en plus de
» voyageurs. Il nous arriva de tous les côtés des
» ouvriers, des pélerins, des *cipayes*, des *koriwas*,
» des *odeis* (marchands forains) chargés de bal-
» lots, ou conduisant leurs bêtes de somme; et
» lorsqu'il était déjà sept heures, notre compagnie
» fut augmentée par une troupe de *daatscheries*,
» espèce de danseuses ambulantes, avec leurs
» *juntris* ou musiciens.

» Après que ces danseuses eurent été se baigner

» dans l'étang, quoiqu'il fît déjà nuit, et qu'elles
» se furent vêtues d'habillemens frais, la première
» de la troupe (il y en avait sept en tout) vint me
» saluer, et me présenta, ainsi qu'à mon ami
» Huau, un bouquet de fleurs, en me demandant
» en même temps, au nom de toutes ses compa-
» gnes, la permission de danser devant nous.

» A peine eus-je fait connaître que je consentais
» à faire danser, que j'entendis dire autour de moi :
» *Nela doré!* (bon, brave monsieur!) *Maha-*
» *radja!* (grand monsieur! puissant monsieur! ou,
» à proprement parler, grand prince!) et d'autres
» acclamations de cette espèce. Toute la *chauderie*
» fut sur-le-champ en mouvement, et l'heureuse
» nouvelle courut de bouche en bouche parmi les
» voyageurs. On réveilla ceux qui dormaient déjà,
» et tous quittèrent leurs couchettes pour se procurer
» à temps une bonne place. Il nous vint aussi des
» habitans du village : de sorte qu'en peu d'ins-
» tans, la *chauderie* se trouva parfaitement rem-
» plie.

» Après que nous eûmes soupé, je fis savoir aux
» danseuses qu'elles pouvaient commencer. Sur-le-
» champ on fit la place nécessaire ; chacun se rangea
» convenablement, et l'on mit quelques lampes
» allumées de plus dans les niches des murs (1).

» Lorsque tout fut prêt je m'assis, avec M. Huau,
» sur les matelas de mon palanquin. Nous avions
» devant nous une nouvelle jatte de punch, et
» venions d'allumer un cigarre ; c'est dans cette
» attitude que nous attendîmes, avec le cercle qui
» s'était formé autour de nous, l'arrivée des dan-
» seuses, qui ne tardèrent pas à paraître. Leur

« (1) Ces petites lampes, qui sont grossièrement faites
» d'argile, s'appellent *letschemie*, à cause de l'image de
» cette déesse (*Lokhja*, dont il a été parlé ci-dessus) qui
» y est représentée telle quelle. On y brûle de l'huile de
» noix de coco ou de sésame. Les principaux habitans
» s'éclairent avec des bougies. Chaque voyageur apporte
» avec soi de ces lampes, pour les placer dans les niches
» ou petits trous triangulaires qui, pour cet effet, sont
» pratiqués dans les murailles, afin d'éclairer l'endroit qu'il
» choisit pour passer la nuit. »

» visage était couvert d'un voile, et les musiciens
» marchaient sur leurs pas.

» Je fis signe de la main qu'on pouvait commen-
» cer, et aussitôt les instrumens se firent entendre.
» Le *chelimbikaren* se plaça derrière les danseuses,
» et aux premiers sons des cymbales, les voiles
» disparurent. Alors nous vîmes devant nous sept
» jeunes nymphes, bien faites, et dans tout l'éclat
» de leur beauté. Les cymbales s'étant fait entendre
» une seconde fois, les *daatscheries* se placèrent
» en haies, s'avancèrent vers nous, et commencè-
» rent, selon leur coutume, par nous témoigner
» leur respect, en nous saluant, et en mettant la
» main droite sur leur poitrine.

» A cet instant la musique commença; les sons
» gais et perçans des *nagassarans* et *carnas*, des
» malalans, des *pilancoils* et du monotone *tourié*,
» retentirent par tout le village; et c'est ainsi qu'on
» commença la danse.

» Ces jeunes filles dansaient d'une manière ra-
» vissante. Leurs mouvemens légers, bien caden-
» cés, pleins d'expression, sans avoir cependant

» rien d'immodeste, ne peuvent se décrire. Elles
» étaient de *Surate*, ville qui a toujours fourni et
» qui fournit encore les meilleures danseuses de
» l'Inde, quoiqu'elle ait beaucoup perdu de son
» ancien éclat sous la domination des Anglais.

» Après qu'elles eurent dansé pendant une heure
» environ, je leur fis signe, avec mon mouchoir,
» de finir. La musique cessa, et, d'après l'usage
» du pays, je dus faire un compliment aux dan-
» seuses.

» En voilà assez, belles *mautiés* (demoiselles),
» en voilà assez pour cette fois. Vous m'avez causé
» le plus grand plaisir par votre danse charmante,
» et mon cœur est rempli de joie. *Rambhé* (déesse
» de la danse) ne pourrait certainement pas vous
» surpasser. Si vous n'êtes pas trop fatiguées, as-
» seyez-vous près de moi, et charmez à leur tour
» mes oreilles par vos voix mélodieuses.

» Ces louanges parurent faire un grand plaisir aux
» jeunes *bayadères*, qui furent fort surprises de ce
» qu'un Européen était non-seulement instruit dans
» leur langue, mais connaissait également leurs

» usages : elles se montrèrent sur-le-champ prêtes
» à satisfaire mon désir.

» On apporta alors des nattes, sur lesquelles les
» danseuses s'assirent en demi-cercle autour de
» moi, et les musiciens se placèrent derrière elles.
» Les spectateurs, qui se tinrent un peu plus loin,
» en laissant un petit espace entre eux et les chan-
» teuses, gardèrent le plus profond silence.

» Après que les chanteuses m'eurent prié plu-
» sieurs fois de leur dire quelle espèce de *giet* (1)
» (chanson) je voulais qu'elles chantassent, je leur
» indiquai la *kamie*, ou histoire d'aventures amou-
» reuses en vers. Elles chantèrent alors celles de
» *Biddhia*, princesse de *Bhordowan*, et du prince
» *Sondor* de *Hostinapour*, qui fut persécuté et

« (1) Les poésies, les romances, les contes qu'on peut
» chanter en langue hindoue portent tous le nom de *giet*.
» Telle est la *bhaguat-giet*, ou chanson du tigre, épithète
» qu'on donne quelquefois à *Krischna*. Cette chanson
» a été traduite en français et en d'autres langues d'Eu-
» rope. »

» mis à l'épreuve en subissant plusieurs événemens
» malheureux, par l'ordre d'une puissante fée, à
» qui ses amours avaient déplu, mais qui parvint
» cependant à posséder la belle princesse *Bid-*
» *dhia* (1).

» Il était minuit lorsqu'elles eurent fini leur
» chanson. Elles voulurent en commencer une
» autre, mais je les remerciai ; et après que j'eus
» satisfait à l'usage, en présentant à la première
» danseuse mon présent (2), sur un plateau couvert

« (1) Les aventures amoureuses de *Biddhia* et de *Sondor*
» forment un fort joli roman écrit par *Gobinda-Daasch*,
» qui vivait au commencement du *kallie-joag* (siècle de
» fer). »

« (2) Ce présent n'est pas déterminé ; mais il faut qu'il
» soit, comme tous les autres présens, en nombre impair.
» Lorsque ces filles dansent pendant quelques heures de-
» vant deux voyageurs, elles sont satisfaites de rece-
» voir, par exemple, onze roupies ; quand elles passent
» toute la nuit à quelque fête ou dans de grandes assem-
» blées, il est naturel que le salaire soit plus considérable.

» de feuilles de béthel et de noix d'arèque, elles
» se levèrent en me témoignant leur reconnais-
» sance de la manière honnête et généreuse dont
» je les avais traitées.

» Les spectateurs se retirèrent également, les uns
» dans leurs huttes, les autres à l'endroit qu'ils
» avaient choisi pour passer la nuit, et tous paru-
» rent fort contens du plaisir qu'ils venaient de
» goûter ; mais ils auraient sans doute été plus sa-
» tisfaits encore, si les *bayaderes* avaient passé la
» nuit entière à danser et à chanter.

» Bientôt un silence général régna dans la *chau-*
» *derie* ; les lampes furent éteintes, car les Hindous
» n'aiment pas dormir à la lumière, et tout le
» monde goûta le repos. Mon ami se plaça sous
» l'appentis ; mais comme notre hôtellerie était
» trop remplie, je fis porter mon palanquin en plein
» air, et j'allai m'y coucher.

» Dans de pareils cas, on leur donne de plus quelques
» bijoux, étoffes ou autres cadeaux semblables.

» A peine fus-je endormi, que je fus réveillé par
» un mouvement qu'on fit à la couverture de mon
» palanquin. Je la levai pour voir quelle était la
» personne qui venait, à cette heure, troubler
» mon sommeil, et m'écriai : *aar idou?* (qui est
» là?)

» La voix douce d'une femme me répondit : —
» C'est moi, Monsieur, c'est la *daja* (1) des *sou-*
» *tredharies*. Je viens vers vous avec mille com-
» plimens de la part de la *ponné* (jeune fille), avec
» le *rawke* (corset) jaune et la couronne de *mou-*
» *garie* (fleurs blanches odoriférantes) sur la tête.
» Votre honnêteté et votre galanterie ont ouvert
» son cœur en votre faveur, ainsi que le *sourd-*
» *joupou* (fleur qui se ferme le soir) s'ouvre aux
» rayons du soleil levant. Recevez ce béthel qu'elle
» a préparé elle-même pour vous, comme une
» marque de l'affection qu'elle vous porte. Elle est

(1) La conductrice, la femme de chambre, et souvent
la complaisante amie des *bayadères*.

» assise au pied de votre lit, où elle attend vos
» ordres (1).

» — Parmi la troupe des bayadères, il y avait
» une fille d'environ quinze ans, d'une fort belle
» physionomie, d'une taille admirable, et qui avait
» montré beaucoup de talent et de sensibilité dans
» son chant et sa danse. Elle avait remarqué, sans
» doute, que c'était sur elle que j'avais particulière-
» ment arrêté, avec complaisance, mes regards ; et
» comme elle en avait vraisemblablement conclu
» que cette attention naissait de l'amour et non de
» la curiosité, la *daja* avait été chargée, de sa part,
» de s'assurer de mes motifs.

» Je dois l'avouer, cette jeune personne avait
» fait une forte impression sur mon esprit, et la
» beauté de cette charmante enfant aurait bien
» pu me séduire, si je n'avais pas songé que c'était
» une danseuse ambulante, née par conséquent
» d'une basse classe ; qui ne devait pas être fort

» (1) Manière de parler que le bon Hollandais appelle
» *mystérieuse*, et dont il est facile de deviner le sens.

» difficile sur le choix de son amant. Cette idée et
» l'intérêt que m'inspiraient les souffrances de mon
» ami Huau, ainsi que la prophétie de mes coulis
» touchant la rencontre du serpent à lunette, me
» retinrent, et furent cause que je refusai avec froi-
» deur la proposition et renvoyai le béthel.

» — Quoi, Monsieur, me répondit la *daja*, vous
» dédaignez la belle Mamia? J'en suis surprise! Je
» croyais avoir remarqué que cette fille ne vous
» était pas indifférente. Qu'est-ce qui a pu fermer
» votre cœur pour elle? Que craignez-vous? C'est
» ma chère pupille, et vous êtes le premier à qui
» elle ait offert le *kampaak* (1).

» — Je ne pus m'empêcher de rire de la bonne
» femme. Je savais que ces *dajas* n'ont pas cou-

(1) Le *kampaak* est le *béthel de l'amour*, c'est-à-
dire le béthel qu'une femme prépare elle-même, et
auquel elle ajoute, outre les ingrédiens ordinaires, de
la cardamome, etc., pour l'envoyer à celui qu'elle préfère.

» tume de différer long-temps à produire leurs
» élèves, et tirent le plutôt possible avantage de
» leur beauté. Je n'ignorais pas non plus les moyens
» auxquels elles ont recours pour les faire passer
» pour des vierges pures.

» Aussi ce dernier discours de la *daja* fit-il sur
» moi un effet tout-à-fait contraire à celui qu'elle
» en attendait, et me révolta même. Je lui dis qu'elle
» pouvait aller entretenir un autre que moi de l'in-
» nocence de sa pupille, et qu'elle n'avait qu'à se
» retirer au plutôt avec son *kampaak*.

» J'avais ordonné à mes *coulis* de venir m'éveiller
» de bonne heure, ce qu'ils firent. Le jour com-
» mençait à poindre ; tout était sur pied dans la
» *chauderie*, et chacun s'apprêtait à partir.

» Les *soutredharies* étaient aussi dans l'intention
» de poursuivre leur route, et leur bête de somme
» était déjà chargée. Elles vinrent l'une après l'autre
» prendre congé de moi, excepté Mamia qui ne
» parut point ; elle se tenait dans l'éloignement,

17

» et causait avec une de ses compagnes, sans prendre
» garde à moi. Je l'appelai par son nom. Elle leva
» avec fierté sa tête, et me regarda d'un air qui ex-
» primait tout à la fois la colère et le mépris, porta
» ensuite la main sur sa poitrine, et sembla ne plus
» s'occuper de moi.

» Cette conduite de sa part me piqua et me plut :
» je ne m'y étais pas attendu. J'en conclus qu'elle n'é-
» tait pas sans éducation : je conçus quelqu'estime
» pour elle. Ce ne fut qu'alors, à la clarté du jour,
» que je vis combien elle était belle ; la lumière des
» lampes avait nui à ses attraits. Elle me parut
» bien plus séduisante dans la simple robe de co-
» ton, qui enveloppait dans ce moment ses mem-
» bres si bien dessinés, qu'elle ne l'avait fait dans
» ses habits d'apparat. Que les traits de son visage
» étaient beaux ! quel charme puissant régnait sur
» tout son corps ! son attitude fière, sa démarche
» assurée, l'air de santé et l'éclat puissant de la
» jeunesse, qui servaient à relever la douce viva-
» cité de ses yeux, firent la plus vive impression

» sur moi. Je fus fâché d'avoir rejeté avec tant
» de dédain les avances d'une aussi charmante
» créature. Si la présence de mes gens et des autres
» voyageurs ne m'avait pas retenu, j'aurais sur-
» le-champ couru vers elle pour lui demander
» pardon. Je me consolai par l'idée que je la ren-
» contrerais en route, parce que j'avais appris de
» la *daja* que cette troupe se rendait, comme moi,
» à Madras.

» Adieu, Mamia ! adieu, nous nous reverrons
» un jour, lui criai-je au moment que mes *coulis*
» mirent mon palanquin sur leurs épaules. Elle ne
» me répondit que par un rire dédaigneux. Lors-
» que j'eus fait une centaine de pas, je me tournai
» encore une fois vers elle, et remarquai avec
» étonnement qu'elle avait pleuré : car elle essuyait
» ses yeux, et deux de ses compagnes, qui étaient
» près d'elle, semblaient la consoler.

» Cette douleur était-elle véritable ? Quoi qu'il
» en soit, je me trouvai vivement ému. »

Haafner continue sa route en pensant à la belle Mamia. La morsure d'un serpent le force de s'arrêter : il demande en vain des secours aux médecins du pays et à un médecin anglais ; sa blessure devient chaque jour plus dangereuse. Il voyageait lentement et accablé de sa souffrance, quand il rencontra une troupe de femmes.

« Il n'y en eut qu'une seule qui parut craindre
» de m'approcher. *Va, Mamieï! vari! acha doré,*
» *unum payum illé!* C'est-à-dire : Viens, *Mamia*,
» viens seulement; c'est un bon monsieur; sois
» sans crainte; crièrent les deux matrones et toutes
» les autres femmes.

» Le nom de Mamia me fit tressaillir. Je n'avais
» pas encore oublié cette bonne fille ; et quoique
» je ne désirasse point la rencontrer dans l'état
» fâcheux où je me trouvais, je ne pus cependant
» m'empêcher de penser combien j'aurais été heu-
» reux de la suivre de village en village. Je n'au-
» rais certainement pas passé la nuit dans le bois

» de *Carracoudré*, ni par conséquent été mordu
» par un serpent. »

Mamia dédaignée le fuyait. Il se repentait de
l'injure qu'il avait faite à la bayadère. Le hasard la
lui fit rencontrer.

« A quatre heures après midi nous aperçûmes le
» grand village de *Nababpeent*, fameux par son
» magnifique temple, ainsi que par quelques autres
» curiosités.

» Devant ce temple il y avait un fort bel étang
» maçonné, dans lequel se baignait alors beau-
» coup de monde; et entre autres, à l'une des
» extrémités, une petite troupe de femmes. Je
» n'y fis aucune attention, parce que j'étais, dans
» ce moment, entièrement occupé du temple,
» lorsque tout-à-coup j'entendis le cri perçant d'une
» femme à peu de distance de moi. Cette voix me
» pénétra vivement; je croyais la connaître. C'é-
» tait Mamia qui venait de se baigner avec ses
» compagnes, et qui ne faisait que sortir de l'eau,
» car elle avait encore son pagne de bain.

» Mon cœur tressaillit de joie. *Rakhou, rakhou!*
» (arrêtez! arrêtez!) criai-je à mes porteurs; et
» avant qu'ils eussent posé mon palanquin à terre,
» j'avais déjà sauté; et sans m'embarrasser du
» grand nombre de spectateurs ni de mes gens,
» je courus vers ma chère Mamia.

» La pauvre fille, voyant que je m'élançais avec
» une espèce de transport vers elle, recula effrayée
» de quelques pas, et parut même vouloir prendre
» la fuite. Ce mouvement me rendit à moi-même;
» car sans cela je lui aurais certainement sauté au
» cou, sans autre préambule.

» Mamia! m'écriai-je, ma chère Mamia! je vous
» revois donc enfin! Ah! combien de fois n'avez-
» vous pas occupé ma pensée! Je ne pus en dire
» davantage. Des larmes de joie remplissaient mes
» yeux, et je restai immobile.

» Mamia parut également fort troublée, et ne
» put me répondre un mot; elle se contenta de
» mettre sa main sur sa poitrine et de me saluer.

» Qu'elle me parut belle! que l'étoffe mouillée

» qui la couvrait alors, dessinait bien les formes
» élégantes de son corps! Je demeurai extasié, en
» admirant tous les charmes qui se présentaient
» successivement à mes regards.

» Cette vivacité de ma part l'intimida. Elle me
» dit : — Tous les yeux sont arrêtés sur nous. Quit-
» tez-moi maintenant, Monsieur ; vous irez sans
» doute prendre gîte dans quelque *chauderie ?* —
» En disant ces mots elle s'en alla. Il en était temps ;
» car, quoique les Hindous soient en général peu
» curieux, le cri de Mamia, l'empressement avec
» lequel j'étais sorti de mon palanquin, et le grand
» nombre de personnes qui composaient ma suite,
» et qui, dans ce moment, étaient toutes rangées
» autour de moi, avaient excité l'attention de la
» multitude.

» Je vous reverrai donc, Mamia ? lui dis-je d'une
» voix suppliante. Elle me fit un signe d'approba-
» tion de la tête, et je retournai plein de joie vers
» mon palanquin.

» A la *chauderie !* criai-je à mes porteurs en

» montant dans mon palanquin ; et quelques-uns
» d'entre eux se mirent à rire. Il est vrai que le
» changement subit qui venait de s'opérer en moi,
» et qui m'avait fait passer d'une sombre mélancolie
» à la plus vive joie, devait naturellement les sur-
» prendre.

» Nous arrivâmes bientôt à la *chauderie* qui
» était belle, nouvellement bâtie et fort spacieuse :
» elle pouvait bien contenir un millier de per-
» sonnes.

» Mon premier soin fut alors de chercher à dé-
» couvrir l'endroit que les *soutredharies* ou dan-
» seuses ambulantes pouvaient avoir choisi pour
» elles ; ce qui m'était facile par leur bête de
» somme et par les *juntris* (musiciens) qui les ac-
» compagnaient. Je n'aperçus cependant rien de
» tout cela, ce qui m'inquiéta beaucoup. Je com-
» mandai à Francisque d'aller épier les danseuses,
» de les suivre en cachette quand elles quitteraient
» l'étang, et de venir me dire l'endroit où elles se
» trouveraient campées.

» Je me plaçai ensuite devant la *chauderie*, d'où

» je pouvais porter mes regards au loin, et par-
» courus, de temps en temps, les environs avec
» ma lunette d'approche, que je dirigeai aussi quel-
» quefois vers les danseuses qui se baignaient, sans
» oser néanmoins les regarder long-temps, parce que
» les Hindous blâment comme une action vile et
» honteuse de regarder des femmes qui prennent
» le bain.

» Mamia, assise sur le bord de l'étang, était oc-
» cupée à tresser ses longs cheveux, et semblait
» s'entretenir avec ses compagnes, en attendant
» que les autres eussent fini de se baigner.

» Je brûlais d'impatience de les voir toutes ha-
» billées. Le soleil était déjà prêt à se coucher, et
» je craignais que l'obscurité ne me les fît perdre
» de vue. A la fin je les vis quitter ensemble l'étang
» et prendre le chemin de la *chauderie;* je me
» plaçai, comme par hasard, dans un endroit près
» duquel les danseuses devaient passer.

» C'était en vérité une troupe bien choisie de
» jeunes filles belles et bien faites; cependant

» Mamia surpassait toutes ses compagnes. Elle avait
» une physionomie si angélique, une taille si élé-
» gante, si dégagée, une démarche si noble, qu'on
» l'aurait prise pour une déesse entourée de ses
» nymphes.

» Francisque, qui les avait suivies, ne tarda pas
» d'arriver et de me dire que les danseuses et leurs
» musiciens avaient établi leur gîte dans un bos-
» quet près de la *chauderie*; ce qui me parut sin-
» gulier. Pourquoi cela, me dis-je, tandis que la
» *chauderie* est assez spacieuse, et qu'il ne s'y
» trouve encore que peu de monde ?

» Pendant que je m'occupais de ces réflexions,
» je vis approcher la vieille *daja*, laquelle, à ce
» qu'il me sembla, était restée à dessein seule
» derrière la troupe.

» — Je vous apporte, Monsieur, dit-elle d'un
» air riant, mille *salams* (complimens) de la part
» de Mamia ; elle demande la permission de venir
» vous souhaiter la bienvenue et de s'informer de
» votre santé.

» — *Ata* (mère), lui répondis-je, je vous prie
» de dire à la *ponné* (demoiselle) que je brûle du
» désir d'entendre sa voix charmante, et que je
» languis plus après sa présence que le *soumi* (1)
» après la pluie. Je la conjure de venir me trouver
» le plutôt possible; car j'ai beaucoup de choses à
» lui communiquer. — Après ces mots la *daja* me
» quitta.

» J'attendis avec impatience l'arrivée de Mamia.
» J'aperçus enfin qu'elle venait vers moi, accom-
» pagnée, par décence sans doute, de sa vieille
» *daja*.

» Après les complimens ordinaires sur notre heu-
» reuse rencontre, je les priai de s'asseoir vis-à-vis
» de moi, sur une natte, et leur offris sur un pla-
» teau le béthel et l'arec avec leurs accompagne-
» mens d'usage.

« (1) Le *soumi* est un grand oiseau, qu'à cause du bruit
» qu'il fait en volant, on appelle aussi *chakrawakra* (la
» roue criarde). Selon les Hindous, il ne se désaltère
» qu'avec les gouttes de pluie qu'il reçoit sur sa mandibule
» inférieure. »

» Mamia gardait le silence avec les yeux fixés à
» terre; mais l'agitation de son sein faisait assez
» connaître qu'elle était vivement émue. Je crus
» donc devoir commencer la conversation.

» Réjouissez-vous, Mamia, vous êtes vengée!
» je suis suffisamment puni de l'offense que je vous
» ai faite, et de la manière honteuse avec laquelle
» j'ai dédaigné votre amitié. Oh! que je me suis
» bientôt repenti de ma folie! Le jour même je
» voulus vous demander pardon, mais votre air
» courroucé m'en a empêché. J'espérais vous
» retrouver à *Ventapalam;* ce fut en vain que
» je parcourus toutes les *chauderies* et les en-
» virons de ce village. O Mamia! le malheur et les
» contrariétés m'ont constamment poursuivi depuis
» ce temps!

» — Monsieur, me répondit-elle d'un air sérieux,
» j'apprends avec chagrin les malheurs que vous
» avez essuyés, et je ne puis vous exprimer toute
» la part que j'y prends; et vous voulez cependant
» que je m'en réjouisse! Que vous connaissez peu
» mon cœur! Hélas! s'il était en mon pouvoir, le

» bonheur vous suivrait partout! Ne cherchez pas
» à vous excuser de ce que vous m'avez renvoyé
» le béthel; le cruel *Bidhata* (1) en est seul la
» cause; c'est lui qui a écrit cet affreux chagrin sur
» ma tête. Hélas! depuis ma plus tendre jeunesse,
» je n'ai éprouvé que la misère et le malheur! Si
» vous le permettez, je vous conterai en peu de
» mots l'histoire de ma vie: peut-être pourrai-je par-
» là effacer de votre esprit l'idée peu avantageuse
» que l'état que j'exerce doit vous avoir inspirée
» de moi; car on ne juge ordinairement que d'après
» les apparences. Vous m'accorderez du moins
» alors, j'espère, votre compassion.

» Je suis née, continua-t-elle, de la caste des
» *waitiums* (médecins). Je n'avais pas encore at-
» teint l'âge de huit ans, que mon père (car ma
» mère n'existait plus) me maria à l'un de ses
» amis. Cet homme, qui était beaucoup plus âgé

« (1) Le dieu du sort, lequel, d'après la croyance des
» Hindous, écrit leur sort sur la tête des hommes, huit
» jours après leur naissance. »

18

» que moi, mourut peu de temps après notre ma-
» riage ; je restai donc *koriaraanro* (1). Quatre ans
» après, je perdis aussi mon père. Je n'avais ni
» frère, ni autre proche parent. Un allié fort éloi-
» gné devint notre héritier et me prit chez lui.
» Ce vieillard avare me donnait à peine ce qu'il
» fallait pour me couvrir, et me fit souffrir toutes
» sortes d'autres privations. Je devais cependant
» travailler jour et nuit sans relâche. Je ne pus ré-
» sister qu'une année à ces mauvais traitemens ;
» livrée au désespoir, j'abandonnai un soir sa
» maison, avec la ferme résolution de n'y plus re-
» tourner.

» Il me restait une tante, que je me déterminai

" (1) Savoir, une personne qui est devenue veuve avant
" que d'être nubile, par conséquent avant que le mariage
" pût être consommé. Une pareille veuve est véritable-
" ment malheureuse, car on observe sa conduite avec
" beaucoup plus de rigueur que celle d'une veuve qui a eu
" des enfans ; et elle doit être pendant toute sa vie la ser-
" vante du parent le plus proche à qui elle tombe en par-
" tage. »

» d'aller trouver à *Tansjaour*, pour lui deman-
» der un asile. Je courus pendant toute la nuit et
» le jour suivant, sans me reposer et sans manger.
» J'étais d'ailleurs si craintive, qu'à peine osais-je
» demander le chemin à ceux que je rencontrais.
» A la fin, je me trouvai tellement exténuée de
» faim et de fatigue, que je dus me réfugier dans
» une *chauderie*, où je pleurai amèrement et ré-
» solus de mourir. Peu de temps après, cette bonne
» femme vint avec sa compagnie dans la même hô-
» tellerie. Elle me demanda avec tant d'intérêt la
» cause de mes larmes, que je lui fis part sur-le-
» champ de mon état et de mes chagrins. Elle eut
» pitié de moi, me présenta à manger et m'offrit
» une place dans sa compagnie, avec la promesse
» de me faire apprendre à chanter et à danser; de
» me donner de plus le vêtement, la nourriture,
» et une part de ce que mes compagnes pourraient
» gagner.

» Que pouvais-je faire? J'étais encore fort jeune,
» je n'avais, hélas! aucun réfuge assuré, pas même
» à *Tansjaour*, où ma tante pouvait refuser de

» me recevoir. J'avais déjà mangé avec les *sou-*
» *trédharies;* leur genre de vie, qu'elle me pei-
» gnit avec les couleurs les plus agréables, leur
» indépendance, leurs beaux habits, leur parure,
» tout me plut et me séduisit, au point que je me
» déterminai à me joindre à leur troupe. Voilà déjà
» quinze mois que je m'y trouve, sans que j'aie
» eu la moindre raison de me repentir. Cette bonne
» femme, à qui nous appartenons toutes, m'aime
» comme si j'étais sa propre fille, et me laisse maî-
» tresse absolue de ma personne, ainsi que j'en suis
» expressément convenue avec elle.

» Vous pensez donc bien qu'il m'aurait été facile
» de gagner beaucoup d'argent avec ceux que mes
» faibles charmes ont pu séduire; il n'a même dé-
» pendu que de moi d'entrer dans le *zenana* (sé-
» rail ou *harem*) d'un *nabab*; mais j'ai trop de
» fierté pour m'abandonner pour de l'argent comme
» une *awserie* (courtisane), ou pour me laisser
» traiter en esclave.

» — Elle me dit ensuite que la manière flatteuse
» avec laquelle je l'avais accueillie comme dan-

» seuse, et la préférence que je lui avais marquée
» au-dessus de ses compagnes, l'avaient détermi-
» née en ma faveur. Elle avait espéré de trouver
» en moi un amant constant; mais combien ne se
» vit-elle pas trompée et offensée, lorsque je lui
» renvoyai, d'une manière si dédaigneuse, le
» béthel d'amour! Cependant elle n'avait pu me
» donner tout-à-fait tort, parce qu'une pareille
» démarche de la part d'une danseuse commune,
» doit naturellement révolter tout homme délicat;
» que cette répugnance de ma part avait même
» servi à augmenter son estime pour moi. Elle
» avait résolu cependant de ne plus me revoir de
» la vie, afin d'éviter mes nouveaux mépris. En
» conséquence, elle avait prié la *daja* et toutes ses
» compagnes d'éviter les lieux où elle pourrait me
» rencontrer; et c'est à cause de cela qu'elles ne
» s'étaient point arrêtées à *Ventapalam*. La bonne
» Mamia croyait déjà m'avoir oublié, lorsqu'elle
» entendit, il y avait quatre jours, un *pandarom*
» raconter dans une *chauderie*, qu'un *wellekaren*
» (Européen) avait été mordu par un serpent, et

» qu'il en était mort. Cet homme avait donné des
» renseignemens si exacts de la personne qui avait
» eu ce malheur, ainsi que de son palanquin, que
» Mamia n'avait pas eu de peine à reconnaître que
» c'était de moi qu'on parlait. Elle tomba en fai-
» blesse de l'effroi que lui causa cette nouvelle, et
» s'aperçut seulement alors que son cœur n'était
» pas encore fermé pour moi. En voyant aujour-
» d'hui arriver mon palanquin, elle s'était imagi-
» née que ce ne pouvait être que mon esprit, ce
» qui lui avait fait pousser un si grand cri. Mainte-
» nant elle se réjouissait de me voir vivant et dans
» une parfaite santé.

» Je lui fis connaître alors que le *pandarom*,
» qu'elle accusait d'imposture, n'avait pas eu tout-
» à-fait tort; que je ne me portais pas bien, comme
» elle pouvait le voir par mon visage pâle et dé-
» fait, et par la maigreur de tout mon corps; que
» j'avais véritablement été mordu par un serpent,
» et que je ne me trouvais pas encore hors de dan-
» ger. Je lui contai toute mon aventure avec le ser-
» pent à lunette, jusqu'à la blessure que je reçus à

» *Carracoudré*, et les suites qu'elle avait eues. Je
» lui fis à dessein ce récit, pour voir l'impression
» qu'il ferait sur elle.

» Loin que cet événement détournât la bonne
» Mamia de moi, je m'aperçus qu'elle prenait vi-
» vement part à mon malheur. Elle me plaignit en
» versant des larmes; et, à mon grand étonne-
» ment, elle insista à voir ma main enflée, quoi-
» que les Hindoues aient, en général, une grande
» aversion pour de pareils spectacles.

» Elle jeta un grand cri quand elle eut vu l'hor-
» rible état de ma main, et voulut sur-le-champ
» courir, avec un des musiciens de sa troupe et un
» de mes *coulis*, à *Panépette*; village situé à une
» lieue de l'endroit où nous étions, pour y cher-
» cher un *waitium*, dont elle m'assura, en pre-
» nant à témoin la *daja* et ses compagnes, avoir
» entendu raconter des merveilles, pendant le sé-
» jour que la troupe y avait fait à l'occasion d'une
» fête à laquelle elle avait dansé. Elle m'assura
» même que cet homme était un *goenéschagor*

» (océan de savoir), qu'on venait trouver de loin
» pour le consulter.

» Cette offre généreuse, qu'elle renouvela avec
» les plus vives instances, me remplit les yeux de
» larmes. Je la refusai cependant, parce que j'étais
» résolu de ne plus employer de médecin avant
» mon arrivée à *Madras*. Comme elle vit que c'était
» en vain qu'elle cherchait à me persuader de
» suivre son conseil, elle me demanda la permis-
» sion de préparer elle-même un onguent qu'elle
» avait appris à faire de son père, qui avait été
» aussi, dans son temps, un habile *waitium*, et
» avait guéri plusieurs personnes mordues par des
» serpens. J'acceptai de me soumettre à cette cure,
» d'autant plus que je regardais ma main comme
» perdue, et ne voulais pas décourager tout-à-fait
» cette excellente fille.

» A cette condescendance de ma part, Mamia
» sauta de joie, en disant qu'elle allait chercher les
» ingrédiens nécessaires pour la préparation de son
» remède. Je priai la *daja* de rester avec moi,
» pendant son absence, pour me tenir compagnie;

» ce qu'elle accepta, en me disant beaucoup de bien
» de sa *poutri* (fille); car c'est ainsi qu'elle la nom-
» mait toujours. Elle se plaignit ensuite de ce que
» j'allais partir si-tôt, et qu'alors j'oublierais sans
» doute de nouveau la pauvre Mamia, qui paraissait
» m'aimer avec tant de bonne foi, et ne pourrait
» me bannir facilement de son cœur.

» Je la tranquillisai à ce sujet, en lui assurant
» avec franchise que je n'abandonnerais plus ma
» bonne Mamia, parce que mon cœur était trop
» attaché à elle, pour que je pusse le dégager
» jamais.

» Il s'était à peine écoulé une demi-heure, lorsque
» Mamia revint : le plaisir et la satisfaction bril-
» laient dans ses yeux.

» — Dieu soit loué! dit-elle d'un air triomphant,
» j'ai trouvé au *bazaar* (marché) tout ce qu'il faut
» pour le *servai* (onguent), et mes compagnes
» m'ont aidée à le préparer.

» Il fallut alors que je découvrisse ma main; car
» Mamia voulut absolument appliquer elle-même
» l'onguent, qui était d'une couleur bleuâtre, et

» répandait une odeur aromatique. Je fis d'abord
» difficulté de le permettre, parce que je connaissais
» la répugnance des Hindous pour tout ce qui est
» impur (1); mais elle insista et parut même prendre
» plaisir à me rendre ce service, qu'une autre aurait
» refusé avec dédain. J'en fus moins étonné que le
» capitaine Huau, qui nous regardait avec sur-
» prise. Mais ce n'était que par simple et pure amitié
» que Mamia faisait tout cela, sans que ma plaie,
» dégoûtante et fétide, parût lui répugner. Elle
» s'en acquitta comme si c'eût été son devoir. Il
» fallait voir avec quelle attention elle agissait, et
» quelle douceur et compassion brillaient dans ses

« (1) Les Hindous sont en général si propres, qu'ils ne
» manquent point de se laver les mains et les pieds lors-
» qu'ils ont touché à quelque chose de sale. Ils ne mettent
» jamais leurs doigts dans la bouche; jamais ils ne touchent
» leur salive ou quelqu'autre éjection du corps; et ils ont
» plus de répugnance encore à laver ou bander la plaie
» d'un autre, à moins que ce ne soit leur état, surtout
» lorsqu'il s'agit de rendre ce service à une personne d'une
» caste inférieure. «

» traits angéliques. Elle était assise près de moi ;
» la *daja* nous éclairait, et comme elle s'inclinait
» en avant pour mieux voir, je ne pus m'empêcher
» d'imprimer un baiser plein de feu sur son front.
» Elle sourit avec grâce et modestie.

» Qu'elle me parut belle et digne d'amour dans
» ce moment! Lorsqu'elle couvrit la plaie, il me
» sembla que je reprenais une nouvelle vie. Toute
» incertitude, toute crainte sur la pureté de ses
» sentimens pour moi avaient disparu, et je lui
» vouai une éternelle reconnaissance.

» Après qu'elle eut rempli cette répugnante tâ-
» che, elle se remit à sa première place et dit :

» — Monsieur, voilà le premier et le dernier ser-
» vice que je puis vous rendre. Puisque vous ne
» voulez pas aller à *Panépette*, je vous conseille
» de vous rendre au plutôt à *Madras*, pour vous
» faire guérir radicalement. Si mon remède ne vous
» cause pas quelque soulagement, ce que j'espère
» cependant, je vous prie du moins de vous sou-
» venir quelquefois de moi; car nous ne nous re-
» verrons sans doute jamais. En disant ces mots,

» elle baissa les yeux : la tristesse couvrit tout-à-
» coup sa belle physionomie, et je vis des larmes
» inonder ses joues.

» Comment, Mamia, m'écriai-je avec surprise,
» que voulez-vous dire par-là ? Jamais ne nous
» revoir ?

» Elle me dit qu'elle craignait ce malheur, parce
» que *Madras*, où la *daja* et elle-même n'avaient
» jamais été, était une si grande ville, qu'elle ne
» pouvait guère espérer de m'y rencontrer dans une
» foule aussi considérable de monde, ou de décou-
» vrir l'endroit où je pourrais loger. — D'ailleurs,
» ajouta-t-elle, vous ne tarderez point à oublier une
» simple *soutredharie*.

» Non, Mamia, lui répliquai-je d'une voix for-
» tement émue, vous n'avez pas cette ingratitude
» à craindre de ma part. Je lui fis alors connaître
» toute l'étendue de mon amour et de ma recon-
» naissance pour les soins qu'elle avait eus pour
» moi, quoique je lui fusse étranger; et l'assurai,
» par tout ce qu'il y a de plus sacré, que non-seu-
» lement je ne l'oublierais de la vie, mais que je

» lui resterais attaché par l'amour le plus sincère et
» le plus inviolable, comme à une personne que sa
» beauté, mais surtout son caractère rendaient
» plus précieuse à mes yeux que la plus illustre
» *begum* (princesse). Je lui promis d'avoir soin
» que nous pussions nous retrouver sans peine
» à *Madras*, en l'adressant à l'un de mes amis de
» cette ville, où il tenait un rang distingué ; et que
» là je ne manquerais pas de lui témoigner toute la
» gratitude que je lui devais.

» J'écrivis alors sur une *ola* (1), en langue et en
» caractères malabares, mon nom, celui de mon
» ami Frank à *Madras*, et de quelques personnes
» de ma connaissance, dans le cas que M. Frank fût
» mort ou absent. J'eus la précaution d'y indiquer
» l'endroit où j'avais coutume d'aller me promener
» le soir, l'auberge où j'irais quelquefois dîner, et
» même l'étang où je comptais aller, selon ma cou-

« (1) On donne le nom d'*ola* à une feuille séchée de
» palmier, sur laquelle les Malabares écrivent, faute de
» papier, avec un style de fer. »

» tume; me baigner le matin et le soir. Je lui remis
» cette feuille.

» Je demandai aussi à la *daja* dans quel endroit
» de *Madras* elle comptait aller loger? mais comme
» cette ville lui était entièrement inconnue, et
» qu'elle ne pouvait par conséquent me dire d'a-
» vance ce qu'elle pourrait faire à cet égard, je lui
» indiquai un quartier convenable, en lui conseillant
» de prendre une maison particulière pour elle et sa
» compagnie; ce qu'elle me promit de faire, d'autant
» plus que son intention était de passer quelque
» temps à *Madras*. Ces promesses, et les preuves
» d'amour et de sincérité que je donnai à Mamia, la
» tranquillisèrent.

» Je priai ensuite Mamia de me permettre de l'ac-
» compagner jusqu'à l'endroit où étaient ses com-
» pagnes; ce qu'elle approuva, et nous quittâmes
» la *chauderie*.

» Nous traversâmes, à pas lents, le bosquet,
» jusqu'à ce que nous aperçûmes le feu du gîte des
» *soutredharies*. Je voulus prendre congé ici. La
» soirée était admirablement belle; un vent doux

» venait, en murmurant à travers le feuillage des
» arbres, rafraîchir l'air encore imprégné de la
» chaleur du jour. Partout les plantes et les fruits
» répandaient leurs odeurs suaves et balsamiques;
» le cri monotone du grillon, les sons flûtés que fai-
» sait entendre, de temps en temps, pour appeler
» sa compagne, le *miincouryie*, qui se tient sur le
» bord des étangs, mais qui aime aussi à se percher
» sur les arbres fruitiers; le disque argenté de la
» lune, qui, çà et là, faisait scintiller ses rayons
» entre la voûte verdoyante de ce bosquet, et
» l'ombre des branches qui semblait folâtrer sur le
» sol d'un sable blanc; tout inspirait les plus douces
» rêveries.

» Je priai Mamia de rester encore un moment
» avec moi, dans l'idée que mes gens ne devaient
» pas être prêts à partir, que par conséquent il me
» resterait quelques minutes de délai. Nous nous
» assîmes, et la *daja* s'éloigna pour nous laisser
» seuls; mais à peine eut-elle fait quelques pas, que
» nous entendîmes un coup de fusil, signal dont
» j'étais convenu avec le capitaine Huau, pour

» m'annoncer que tout était disposé pour se mettre
» en route.

» Le moment de notre séparation était donc ar-
» rivé. Mamia pleura amèrement, et tomba dans
» un si grand abattement, que j'en fus fort em-
» barrassé. Je l'aurais volontiers emmenée avec
» moi, et j'y pensai même un instant; mais le temps
» que m'auraient coûté les soins de lui trouver un
» palanquin ou un *douli* et des porteurs, et l'in-
» certitude où j'étais sur l'endroit où je pourrais la
» loger à notre arrivée à *Madras*, me détermi-
» nèrent, malgré le chagrin que cela me faisait, à
» la laisser avec ses compagnes.

» Je la consolai en attendant de mon mieux, et
» la *daja* fut de mon avis; de sorte que nous par-
» vînmes à la tranquilliser un peu. Je remerciai la
» *daja* de ses peines, et voulus lui donner quelques
» pagodes, pour qu'elle pût procurer plus de com-
» modités à Mamia, jusqu'à ce que nous nous re-
» vissions; mais, à ma grande surprise, elle ne
» voulut rien recevoir, en me disant qu'elle ne dé-

» mandait point qu'on payât ses soins, pour cette
» bonne enfant.

» Nous nous séparâmes enfin, et je me rendis en
» hâte, le cœur oppressé, à la *chauderie*, où l'on
» n'attendait que moi pour partir. On alluma les
» flambeaux, et nous nous mîmes en route. Je
» tournai encore une fois mes regards vers Mamia,
» que j'aperçus placée, avec la *daja*, derrière un
» arbre près de moi. Je lui donnai un signal d'a-
» dieu avec mon mouchoir, et nous la perdîmes
» bientôt de vue. Je fis alors tomber la couverture
» de mon palanquin et me disposai à dormir, après
» avoir souhaité la bonne nuit à mon compagnon
» de voyage. Je ne pus cependant fermer l'œil :
» l'aventure de cette soirée occupait entièrement
» mon esprit, et mon cœur était plein de Mamia.
» Ce ne fut qu'après avoir réfléchi long-temps sur
» cet événement, et m'être déterminé à choisir la
» bonne Mamia pour la compagne de ma vie, que
» je parvins à goûter le sommeil. »

Après avoir terminé ses affaires, le voyageur revient à Madras, où il retrouve Mamia.

« On me dit qu'une personne était venue me de-
» mander, et avait montré beaucoup d'empres-
» sement à me parler : qu'elle reviendrait sans faute
» me trouver de fort bonne heure le lendemain :
» et qu'elle avait prié de me dire que certaines
» gens de ma connaissance étaient arrivées à *Ma-*
» *dras.*

» Je ne doutai point que c'était des *soutredharies*
» qu'il était question ; et ma joie fut telle, que je
» ne pus fermer l'œil de toute la nuit. A peine fit-il
» jour, que je me levai et m'habillai en hâte pour
» attendre le messager dont on m'avait parlé. Il
» ne tarda pas long-temps à venir, et je le reconnus
» sur-le-champ pour un des *juntris* (musiciens) de
» la troupe de Mamia.

» Il m'apportait des *salams* (complimens) de la
» *daja* et de la *moutté* (demoiselle) Mamia, qui
» désiraient beaucoup de me voir, et me faisaient
» prier de leur faire une visite.

» Je partis avec cet homme sans perdre un mo-
» ment. Chemin faisant, il me conta qu'ils étaient
» tous arrivés le soir précédent ; mais que faute de

» connaître la ville, ils s'étaient campés, en atten-
» dant, dans un petit bois. La *daja* l'avait sur-le-
» champ envoyé avec une adresse chez Frank, dont
» un des domestiques lui avait indiqué ma demeure.

» Lorsque nous eûmes atteint le bois, je me
» plaçai dans un endroit isolé, et chargeai le *juntri*
» d'avertir Mamia de mon arrivée. Un instant après,
» je la vis s'avancer à grands pas vers moi avec la
» *daja*; la joie et le bonheur étaient peints sur son
» beau visage.

» Nous nous embrassâmes avec transport, et je
» vis Mamia transportée de joie, lorsque je lui dis
» que ce n'était qu'à son onguent que je devais la
» conservation non-seulement de mon doigt, mais
» de toute ma main.

» La *daja* me fit de grands éloges de la bonne
» Mamia, et me laissa la liberté de la prendre sur-
» le-champ avec moi, et de disposer à mon gré de
» son sort futur; parce qu'elle était persuadée que
» cette chère enfant ne pouvait passer que des jours
» heureux avec moi.

» Pour faire connaître à l'une et à l'autre la droi-
» ture de mes intentions, je leur offris d'aller sur
» l'heure voir ensemble la demeure que j'avais
» choisie pour Mamia, ce qu'elles acceptèrent ; et
» les deux chambres que devait occuper mon amie
» dans la maison d'une veuve, parurent lui con-
» venir. Nous résolûmes qu'elle ne retournerait
» plus avec ses compagnes, mais qu'elle resterait
» ici, et que la *daja* lui enverrait ses habits et
» autres effets. Je lui donnai l'argent nécessaire
» pour former son petit ménage, et chargeai mon
» *dobasch* de lui trouver une femme pour la
» servir.

» Je me sentis alors parfaitement heureux de
» la possession d'une femme véritablement angé-
» lique, tant par sa beauté, que par son esprit et
» sa vertu.

» Après que tout fut en ordre, je pris congé de
» Mamia, en lui promettant de revenir vers le soir,
» et partis avec la *daja*, pour lui indiquer quelques
» rues où elle trouverait, selon moi, le plus faci-
» lement une demeure à bon compte.

» Il était plus de midi, avant que j'eusse fini à
» régler toutes ces affaires, et que je rentrai chez
» moi.

» Autant le séjour de *Madras* m'aurait déplu,
» dans d'autres temps et d'autres circonstances, à
» cause de la grande aversion que j'avais conçue
» pour cette ville, autant il me parut actuellement
» agréable ; ce qu'il faut attribuer à la satisfaction
» que je goûtais dans la compagnie de mes amis et
» de ma chère Mamia. J'y passais mon temps avec
» tant d'agrément et si peu de soucis, que j'ou-
» bliais, pour ainsi dire, mon voyage dans le sud,
» et mon projet d'établissement au village de *Ven-*
» *tapalam.*

» Après le repas, je me rendais tous les jours
» chez ma chère Mamia, qui m'attendait chaque
» fois avec la plus grande impatience. La possession
» de cette aimable personne loin de refroidir mon
» amour pour elle, l'avait au contraire rendu plus
» vif, plus senti ; aussi recevais-je d'elle les plus
» fortes preuves de son affection et de sa fidélité ;
» et chaque jour, je découvrais en elle de nouveaux

» charmes et de nouvelles qualités. C'était chez
» elle que j'allais prendre ordinairement le thé,
» que je lui avais appris à faire; car les Hindous ne
» boivent ni thé, ni café, ni chocolat. Je le trouvais
» toujours prêt, lorsque j'arrivais chez elle à quatre
» heures après midi, heure à laquelle j'avais cou-
» tume de me rendre tous les jours à sa demeure.

» Quelquefois, au lieu de prendre le thé, nous
» allions nous promener ensemble à *Marmelong*,
» *Saint-Thomé*, *Véperi*, ou quelque autre village
» voisin. Je faisais alors mettre à Mamia une robe
» de Métisse, que je lui avais fait faire pour ces
» excursions : précaution que la décence exigeait.
» Cette espèce d'habillement lui allait fort bien;
» cependant elle me plaisait davantage dans le vê-
» tement léger du pays.

» Nous passions la soirée à jouer au *chadringa*
» (les échecs), auxquels Mamia était assez habile, ou
» bien elle chantait un *khejour* (chanson d'amour),
» ou un *giet* (hymne ou chanson héroïque), en
» accompagnant sa belle voix du *viné* (espèce de

» guitare). D'autres fois, elle me contait de petites
» histoires, ou me proposait des énigmes; en un
» mot, elle employait tous les moyens qu'elle
» pouvait imaginer pour me faire passer agréable-
» ment le temps. Il ne faut pas oublier ici le souper,
» qu'elle apprêtait elle-même en causant et en
» chantant; et quand tout était servi, elle m'in-
» vitait à m'asseoir à côté d'elle sur la natte, où je
» trouvais un plat de riz et du *tajer* (lait caillé),
» un peu d'*atchar* avec une jatte de *mologonier*
» (eau poivrée); et chaque fois ce repas frugal me
» paraissait un banquet des dieux.

» Souvent la *daja*, qui faisait de fréquentes vi-
» sites à Mamia, était notre convive. Son grand âge
» et sa faible santé ne lui permettaient plus de
» courir le pays avec les *soutredharies*. Après avoir
» cédé sa troupe à la plus ancienne de ses élèves,
» elle s'était acheté une petite maison pour y jouir
» le reste de sa vie de l'argent qu'elle avait épargné.
» Sa tendresse pour Mamia était vraiment mater-
» nelle. Toutes deux étaient étrangères dans la
» ville, et n'avaient d'autres connaissances que moi

» seul. Aussi ne sortaient-elles qu'ensemble, soit
» pour aller au culte des dieux, dans quelque
» temple, soit pour assister à une procession reli-
» gieuse; c'étaient là leurs seuls amusemens.

» Le matin, de bonne heure, au chant du
» coq, je me mettais en route avec Mamia, pour
» aller, selon l'usage du pays, nous rafraîchir par
» un bain. Nous nous rendions dans un beau jar-
» din, garni d'excellens arbres fruitiers, et en-
» touré d'une muraille, qui se trouvait près de la
» ville, sur le chemin de *Saint-Thomé*, et qui
» appartenait à un riche négociant que M. Beisser
» avait guéri d'une dangereuse maladie. Cet homme,
» que j'avais appris à connaître dans cette occasion,
» eut la complaisance de me confier la clef de ce
» jardin, pour que j'y pusse entrer à l'heure que je
» voudrais. C'était là un admirable refuge pour
» Mamia et pour moi; nous y trouvions un bel étang,
» entouré de grands cocotiers, dans lequel nous
» allions nous baigner.

» Telle était la manière dont je passais mon
» temps à *Madras*; c'étaient là mes occupations et

» mes amusemens ordinaires, et tel devait être
» bientôt mon train de vie à *Ventapalam*, où je
» comptais me retirer avec ma chère Mamia.

» Il était temps de songer enfin à mon voyage sur
» la partie méridionale de la côte de *Coromandel*,
» car j'avais des affaires importantes à régler à
» *Pondichéry*, à *Tranquebar*, à *Nagapatnam*,
» et qui devaient me retenir, au moins pendant
» quelques jours, dans chacun de ces endroits. Je
» pouvais encore, si je ne différais pas plus long-
» temps à me mettre en route, faire l'aller et le
» venir de cette excursion avant l'arrivée de la
» mauvaise saison, pour passer le temps des pluies
» à *Madras*.

» Je me déterminai donc à m'embarquer, et je
» trouvai par hasard un *naikodda*, qui conduisait
» un double *thoni*, destiné, sous trois jours, pour
» *Trinquemale*, mais qui devait toucher à *Pon-*
» *dichéry*. M. Frank me conseilla de profiter de
» cette occasion, à cause que le bâtiment était
» neuf, et que le *naikodda* passait pour un homme
» qui entendait bien la manœuvre. M. Frank, qui

» lui avait rendu quelques services, me recom-
» manda fortement à ses soins ; de sorte que nous
» fûmes bientôt d'accord sur les frais du passage.
» Je ne pris avec moi qu'une petite malle, et laissai
» le reste de mon bagage chez M. Beisser. Après
» m'être pourvu des vivres nécessaires pour ce
» trajet, je me rendis, dans l'après dîner du jour
» avant mon départ, à bord du navire, pour exa-
» miner la place que le *naikodda* m'avait destinée,
» et dont j'eus tout lieu d'être content.

» Il y avait d'autres passagers sur le *thoni*; sa-
» voir, quelques femmes portugaises noires, deux
» marchands maures, et un *molla* ou prêtre maho-
» métant. Je fus charmé de trouver cette compa-
» gnie, dans l'espérance que cela me procurerait
» du moins l'occasion de passer le temps à causer.

» Le *naikodda* me dit qu'il mettrait sans faute à
» la voile le lendemain, vers les six heures du ma-
» tin, et me pria de rester dès ce moment à bord,
» afin de ne pas négliger l'heure du départ. C'est
» ce que je n'aurais pas fait pour tout au monde,

» je n'avais pas encore pris congé de ma chère Ma-
» mia, et j'avais encore plusieurs choses à régler ;
» mais je promis de me trouver à temps sur le
» *thoni*.

» J'avais bien parlé à Mamia de mon voyage ;
» mais je lui avais laissé ignorer qu'il dût être si
» prochain, pour qu'elle ne s'affligeât pas trop d'a-
» vance. Elle fut donc fort étonnée lorsque je l'en
» instruisis ; mais son chagrin augmenta quand elle
» apprit que je devais faire ce trajet par mer. Elle
» s'y opposa de toutes ses forces, et ne voulut pas
» consentir que je m'exposasse à la merci des va-
» gues ; mais lorsqu'elle vit qu'elle ne pouvait me
» détourner de cette résolution, elle me conjura de
» la prendre avec moi, pour qu'elle ne restât point
» chez elle, livrée à d'éternelles craintes. Je ne
» voulus cependant pas consentir à cette demande,
» et tâchai de la tranquilliser le mieux qu'il me
» fut possible, en lui promettant de revenir par
» terre, ce qui parut la calmer un peu. Je lui don-
» nai l'argent dont elle pouvait avoir besoin pen-
» dant mon absence, et l'adressai à M. Franck,

» qui devait lui procurer tous les secours néces-
» saires.

» Je recommandai cette bonne fille aux soins de
» la femme chez qui elle demeurait, et pris ensuite
» congé d'elle.

» Le jour ne paraissait pas encore, lorsque mon
» *dobasch* vint pour m'éveiller. Je quittai sur-le-
» champ la maison de mon ami Beïsser, où tout le
» monde était encore plongé dans le sommeil. Le
» soleil se levait exactement à l'instant où nous ar-
» rivâmes sur le rivage.

» J'avais déjà ordonné, le jour avant, qu'on re-
» tînt pour moi une *chelingue* qui devait, au lever
» du soleil, me conduire à bord du *thoni*. On me
» fit signe de loin qu'il était prêt à partir. Deux
» femmes malabares semblaient disposées à y mon-
» ter. Quel fut mon étonnement! c'étaient Mamia
» et son ancienne *daja*.

» Mamia ne m'eut pas plutôt aperçu, qu'elle
» vint à moi, en s'écriant : — *Praanaath!* (sei-
» gneur de ma vie!) permettez-moi seulement de

» vous accompagner avec la *chelingue* jusqu'au
» vaisseau; je vous promets d'être ensuite plus
» tranquille.

» — Ce fut en vain que je cherchai à la détourner
» de ce projet, en lui représentant que nous se-
» rions tous les deux fort mouillés par les brisans.
» Véritablement la hauteur des houlles était éton-
» nante; et j'aurais même différé d'un jour mon
» voyage, si je n'avais pas craint que le vaisseau
» ne partît sans moi. C'était exactement à cause
» de ce danger que la bonne Mamia voulut m'ac-
» compagner. — Car en cas de malheur, me dit-
» elle, je serai du moins près de vous. — Je ne
» pus lui résister plus long-temps, et l'événement
» me prouva que cette condescendance devait servir
» à me sauver la vie.

» Je me rendis donc avec elle à la *chelingue* que
» j'avais louée; mais, à ma grande surprise, je la
» trouvai, pour ainsi dire, entièrement remplie de
» marchandises; et j'appris bientôt que le maître
» d'équipage Hall y avait mis un embargo, pour
» conduire des effets à un navire qui se trouvait

» près de-là, malgré qu'on lui eût représenté qu'elle
» avait été retenue pour mon compte. Je ne fus pas
» peu indigné de cette conduite ; car comment
» passer heureusement par-dessus les brisans avec
» une chaloupe ainsi chargée ? Je fis part de ma
» crainte à l'officier de marine qui avait ordre de
» conduire ces marchandises à bord ; mais il me
» donna à connaître que j'étais un homme timide.
» Cependant le batelier à qui je demandai s'il n'y
» avait pas de danger, leva les épaules en disant :
» *Tembrane maharse !* (Dieu est grand !) Pauvre
» consolation !

» Cependant il ne me restait point de choix à faire,
» car il n'y avait point d'autres chaloupes pour le
» moment, et je ne pouvais laisser partir sans moi
» le *thoni*, sur lequel se trouvait ma malle, qui
» contenait mes comptes et autres papiers d'impor-
» tance, dont la perte aurait causé ma ruine. J'é-
» tais cependant encore incertain, lorsque le *tan-*
» *del* (batelier) me cria de venir. L'Anglais s'em-
» portait en voyant mon irrésolution, et je fus
» forcé d'entrer dans la *chelingue*. Je voulus néan-

» moins engager Mamia à ne point me suivre;
» mais, au lieu de me répondre, elle sauta après
» moi dans le canot; et je fus honteux de voir
» qu'une jeune fille montrât plus de résolution que
» moi, quoiqu'elle n'eût jamais été sur la mer.

» Nous nous plaçâmes donc dans la *chelingue*,
» qui était montée, outre le *tandel* et six rameurs,
» par quatre personnes, savoir; Mamia et moi, l'of-
» ficier anglais et une métisse, laquelle devait se
» rendre également avec le *thoni* à Pondichery.

» A peine nos rameurs eurent-ils quitté la terre,
» que l'arrière de la *chelingue* surchargée s'enfonça
» tellement, qu'il ne resta plus qu'un empan des
» œuvres mortes hors l'eau. Dans ce moment, le
» premier brisant vint frapper notre proue; et nous
» en étions déjà près, lorsque l'idée me vint d'ap-
» peler un *catimaron* pour nous conduire au *thoni*;
» usage auquel on emploie souvent cette espèce
» d'embarcation. J'étais fâché de n'y avoir pas
» songé plus tôt; mais la querelle avec le batelier et
» l'officier anglais m'avait fait tout oublier. Le bruis-
» sement des houlles empêcha qu'on n'entendît una

» voix sur le rivage. Je fis alors signe à mon *dobasch*
» et à la *daja* d'envoyer à notre aide une couple de
» *catimarons* qui se trouvaient sur la grève (1).
» J'invitai aussi notre batelier à retourner à terre
» pendant qu'il en était temps encore ; mais l'Anglais
» s'y opposa, et nous en vînmes à une assez vive
» dispute. Le batelier faisait en attendant son pos-
» sible pour éviter les brisans ; mais sa *chelingue*
» était trop chargée pour qu'il pût la gouverner
» convenablement, et empêcher les brisans de se
» précipiter sur nous ; de sorte que la *chelingue*
» ne tarda pas à se trouver remplie d'eau, dont il
» n'était plus temps de vouloir nous débarrasser,
» car l'embarcation commençait déjà à couler bas.
» L'effroi fut général, et des cris terribles se firent
» entendre. Alors l'Anglais dit qu'il fallait virer de
» bord ; mais il était trop tard, la *chelingue* n'o-

(1) On se sert, dans des cas pareils à celui où nous nous
trouvions, de deux ou trois de ces radeaux, qui accompagnent la *chelingue*, pour sauver les personnes qui la
montent, si elle venait à périr. »

» béissait plus au gouvernail. Le second brisant
» suivit immédiatement le premier, et s'éleva en
» mugissant, comme une montagne, pour nous en-
» gloutir. Il n'y avait alors plus de temps à perdre.
» Mamia, suivez-moi! criai-je en m'élançant dans
» la mer. Je savais qu'elle nageait supérieurement
» bien; et je n'avais aucune inquiétude sur son
» sort.

» A peine fus-je dans l'eau, que le brisant se pré-
» cipita sur moi. Je n'avais eu que le temps de re-
» prendre haleine avant qu'il nous couvrit. Je tra-
» vaillai alors des mains et des pieds pour revenir
» sur l'eau, ce qui me réussit; et lorsque je levai
» la tête, la *chelingue* avait disparu. Les rames
» flottaient dispersées dans la mer, et à peu de dis-
» tance de moi, je vis Mamia. Aussitôt qu'elle m'eut
» aperçu elle jeta un cri de joie, et se porta précipi-
» tamment de mon côté, en m'encourageant, et me
» tendit sa main pour me soutenir. Je n'avais ce-
» pendant pas encore besoin de ses secours, car
» j'étais bon nageur et fort légèrement vêtu. Nous
» nageâmes ainsi quelque temps ensemble vers le

» rivage, qui ne se trouvait qu'à environ trois cents
» pas de nous.

» Le plus grand danger était passé, et nous
» attendions le premier brisant, qui devait nous
» jeter sur la grève. Nous vîmes aussi arriver
» un *catimaron* à notre secours, lorsque je me
» sentis tout-à-coup entraîner vers le fond de la
» mer par un poids énorme. Je me retournai, et
» vis que c'était la vieille métisse qui s'était ac-
» crochée à mon habit, pour se laisser traîner par
» moi. Je cherchai à me débarrasser d'elle, mais
» cela ne me fut pas possible. Je demandai alors
» du secours à Mamia, qui ne me perdait pas un
» moment de vue. Elle ne pouvait comprendre ce
» qui me retenait, et craignait qu'un requin ne se
» fût saisi de moi. Elle s'élança avec de grands cris
» de mon côté; et lorsqu'elle eut appris la cause de
» mon embarras, elle tâcha de faire lâcher prise à
» la métisse, mais ses efforts furent inutiles. La mé-
» tisse, que la frayeur avait fortement attachée à
» mon habit, paraissait toucher à sa fin. Elle leva
» encore deux fois la tête hors de l'eau, après quoi

» elle coula à fond en m'entraînant avec elle ; je
» fis tous mes efforts pour me sauver sans pouvoir
» y parvenir. Parfois je levai la tête un moment ;
» mais comme j'étais déjà fort fatigué, je touchais
» au moment de périr, si Mamia ne m'eût pas in-
» vité à m'attacher avec mes mains à ses épaules,
» pour ne nager que des pieds. Mais cela ne pouvait
» durer long-temps. Comment était-il possible
» qu'une jeune fille délicate pût traîner après elle,
» en nageant, deux personnes ? Cette bonne créa-
» ture s'agitait avec violence dans l'intention de
» me sauver, en criant de toutes ses forces pour
» demander du secours. J'eus enfin le bonheur de
» me débarrasser de la vieille métisse, en la frap-
» pant de mes pieds, et cependant il m'était impos-
» sible de nager plus long-temps, parce que mes
» bras étaient engourdis par les efforts que j'avais
» faits. Par malheur, un énorme brisant vint rouler
» par-dessus nous ; j'avalai de nouveau beaucoup
» d'eau, et perdis connaissance. Lorsque j'eus re-
» pris mes sens, je me trouvai couché sur la grève,
» entouré de plusieurs personnes qui étaient venues

» d'un comptoir voisin de la mer, de la part de
» M. Hall, au secours de l'officier anglais, lors-
» qu'elles eurent appris son naufrage. On m'avait
» roulé de côté et d'autre, pour me faire rendre
» l'eau de mer que j'avais dans le corps, ce qui
» réussit jusqu'à un certain point. Un des specta-
» teurs fit venir son palanquin du comptoir mari-
» time, pour me porter chez moi. Lorsqu'on me
» souleva, je rendis de nouveau avec effort beau-
» coup d'eau, et repris ensuite mes esprits.

» Je reconnus sur-le-champ mon *dobasch* parmi
» ceux qui nous entouraient. La première demande
» que je lui fis eut Mamia pour objet. — Elle est
» également sauvée, me répondit-il, et n'ayez au-
» cune inquiétude sur elle ni sur votre malle ;
» j'aurai soin de l'une et de l'autre. — Il indiqua
» ensuite aux *coulis* la maison où ils devaient me
» porter; et c'est de cette manière que j'arrivai chez
» M. Beisser, qui, dans ce moment, déjeunait avec
» ses hôtes. Qu'on s'imagine la frayeur qu'il eut en
» me voyant dans cet état, trempé d'eau, sans
» chapeau, et pâle comme la mort.

» Je lui contai en peu de mots ce qui m'était ar-
» rivé. M. Beisser me donna sur-le-champ un cor-
» dial pour me débarrasser de l'eau qui me restait
» encore dans le corps, et me conseilla de me cou-
» cher, ce que je fis, mais sans pouvoir me reposer.
» L'accident qui venait de m'arriver occupait trop
» mon esprit, et je frémissais en me rappelant le
» danger que je venais de courir. Je répandis des
» larmes de reconnaissance en pensant aux preuves
» héroïques que Mamia m'avait données de son
» amour et de son attachement dans cette funeste
» circonstance. O! que je désirais de voir celle qui,
» en hasardant sa propre vie, venait de sauver la
» mienne! Cette idée m'avait ému profondément,
» et ce fut avec peine que je pus attendre l'arrivée
» de mon *dobasch*.

» Il arriva enfin à neuf heures, et m'apporta ma
» malle, qu'il avait été chercher lui-même avec
» une autre *chelingue* à bord du *thoni*, aussitôt
» qu'il eut indiqué ma demeure aux porteurs de
» mon palanquin.

» Je le priai de me donner des nouvelles de la

» santé de Mamia, et de me dire ce qui m'était ar-
» rivé pendant le temps que j'étais resté sans con-
» naissance; comment j'étais arrivé sur le rivage,
» et ce qui m'avait rendu à la vie?

» — Ah! monsieur, me dit-il, il m'est impossible
» de vous exprimer les frayeurs que j'ai eues, lors-
» que je vous vis sauter de la *chelingue* dans l'eau
» avec la *pounné* (demoiselle), et couverts ensuite
» par le brisant, disparaître à mes yeux! Moi-même
» et quelques personnes placées sur le rivage,
» criâmes aux *catimarons* d'aller à votre secours.
» Ils arrivèrent encore exactement à temps pour
» vous aider, et pour sauver ensuite mademoiselle,
» qui d'une main tenait votre tête au-dessus de
» l'eau et nageait de l'autre, mais épuisée de fati-
» gue; de sorte qu'elle touchait au moment de périr
» de faiblesse. Elle s'attacha au *catimaron*, ainsi
» que me le rapportèrent des pêcheurs, et ne voulut
» recevoir de secours que lorsqu'on vous eut sauvé.
» Comme vous ne donniez plus aucun signe de vie, la
» bonne demoiselle s'imagina que vous étiez mort,
» et se livra au plus grand désespoir. La *daja* et

» moi nous eûmes toutes les peines du monde pour
» l'empêcher de se jeter sur vous. Quelque faible
» et malade qu'elle fût, elle ne voulut cependant
» retourner chez elle que lorsqu'elle se crut con-
» vaincue que vous ne reviendriez plus à la vie.
» Tous les spectateurs restèrent surpris et touchés
» de cette marque d'attachement, et vous regar-
» daient comme heureux de posséder une personne
» aussi aimable et capable d'un dévouement aussi
» généreux.

» — Ah! Moutou (c'était le nom du *dobasch*),
» lui répondis-je, le cœur pénétré de ce qu'il ve-
» nait de me conter, combien cette bonne fille doit
» être inquiète sur mon sort! quel désir elle doit
» avoir d'apprendre quelque nouvelle de moi! Allez
» en diligence; dites-lui que je me trouve mieux,
» et que ce soir encore je me rendrai auprès
» d'elle.

» Mais il me fut impossible d'attendre jusqu'à ce
» temps. J'avais encore, il est vrai, un horrible
» mal de tête, et n'étais pas sans fièvre; cependant

» mon désir de voir Mamia ne me laissait point de
» repos; et avant que mon *dobasch* fût revenu
» avec la réponse de mon amie, je me fis conduire
» jusqu'à une certaine distance de la maison de
» Mamia, dans le palanquin de M. Beisser, qui
» venait de partir pour voir un malade. Là je le
» renvoyai, et me rendis inopinément chez cette
» bonne fille, que je trouvai assise sur une natte,
» la tête enveloppée d'un linge, et parlant de moi
» avec mon *dobasch*.

» Elle ne m'eut pas plutôt aperçu, qu'elle s'é-
» lança vers moi avec la rapidité de la flèche, et
» vint tomber inanimée dans mes bras. J'étais moi-
» même tellement ému de cette nouvelle marque
» de son amour, que ce ne fut qu'avec peine que
» je pus me soutenir. Cependant, aidé par l'hô-
» tesse qui se trouvait là dans ce moment, je par-
» vins à la remettre sur sa natte, avec le dos ap-
» puyé contre le mur; je m'assis alors à côté d'elle
» et lui jetai un peu d'eau au visage. Elle reprit
» bientôt ses esprits, me regarda pendant quelque
» temps d'un œil fixe, sans prononcer un mot, posa

» sa tête sur mon épaule et pleura amèrement.
» Lorsque nous fûmes revenus de ces premières
» impressions de joie et de douleur, je l'embrassai,
» et versai dans son sein toute la reconnaissance
» dont mon cœur était pénétré, de ce qu'elle
» m'avait sauvé la vie (1), et lui jurai un amour
» éternel.

» Elle répondit qu'elle n'avait fait que son devoir,
» et que j'attachais plus de prix à son action qu'elle
» ne valait, puisqu'elle était résolue de mourir
» *mahasti*, dans le cas qu'elle eût le malheur de
» me perdre (2). Je ne pouvais douter que ce ne
» fût là sa ferme intention.

« (1) Ma chère Mamia et moi furent les seuls sauvés de
» quatre passagers qui se trouvaient sur la *chelingue*. La
» vieille métisse, qui avait manqué de m'entraîner au fond
» de la mer, avait péri, de même que l'orgueilleux offi-
» cier anglais. Leurs cadavres, comme je l'appris ensuite,
» furent jetés encore ce même jour sur la grève par les va-
» gues. »

« (2) On donne le nom de *mahasti* à la femme et à la fille

» Pour détourner notre entretien de ce triste su-
» jet, je lui demandai comment elle se trouvait,
» et si elle avait avalé aussi beaucoup d'eau de mer.
» Elle me dit qu'elle s'était trouvée si faible, que
» ce ne fût qu'avec l'aide de la *daja* et d'une autre
» femme qu'elle était parvenue à regagner sa mai-
» son. Qu'on avait sur-le-champ fait venir un mé-
» decin hindou, qui lui avait fait prendre un vo-
» mitif, par le moyen duquel elle avait rendu une
» grande quantité d'eau de mer; qu'il s'était même
» trouvé un peu de sang mêlé avec cette eau; que
» maintenant elle éprouvait une douleur dessous le
» sein droit, avec de grands maux de tête, et que
» d'ailleurs ses bras étaient comme paralysés.

» Cela n'était pas étonnant. Elle m'avait soutenu
» pendant plus de dix minutes au-dessus de l'eau.
» Je ne pouvais comprendre comment une fille aussi

» qui se fait brûler vivante avec le corps de son défunt mari
» ou amant, ou qui, pour ne pas lui survivre, se prive de
» la vie par quelque autre moyen violent. »

» jeune, aussi délicate, avait pu faire, pendant si
» long-temps, de pareils efforts. »

La bonne Mamia mourut bientôt après d'une fièvre maligne, causée par les suites de son dévouement, et aggravée par la douleur d'une séparation qui se prolongea plus long-temps que le voyageur n'avait pensé.

Ce récit, écrit d'un style quelquefois ridicule et avec une simplicité qui pourrait recevoir un autre nom, n'en est pas moins un des plus touchans que l'on puisse lire; et je doute que l'on trouve ailleurs l'exemple d'un dévouement plus tendre et plus absolu que celui de la bonne Mamia.

FIN.

TABLE.

A MONSIEUR DE JOUY.	i
INTRODUCTION.	1
PREMIÈRE NUIT. — Les jeunes filles et le Brahmine.	13
Chant d'Azyora sous le figuier des banians.	23
Chant de Psammeris sous le figuier des banians.	31
SECONDE NUIT. — Le temple de Sarhâsic.	43
Chant d'Azyora. — *Les Amans arabes.*	53
TROISIÈME NUIT. — Doumar-Leyna.	73
Chant de Psammeris. — *Le Père et la Fille.*	77
QUATRIÈME NUIT. — Le lac de Ghera.	93
Chant de Demsaïl. — *L'Amour du Pays.*	99
CONCLUSION.	115
DES BAYADÈRES OU DEVEDASSIES. — De leurs mœurs, leur costume et leurs devoirs.	121
NOTES DE LA FIANCÉE DE BÉNARÈS.	137
NOTES DE L'ESSAI SUR LES DEVEDASSIES.	181

FIN DE LA TABLE.

www.ingramcontent.com/pod-product-compliance
Lightning Source LLC
Chambersburg PA
CBHW050651170426
43200CB00008B/1248